Ó DORCHADAS GO TIOMNAIS: 40 Lá le Saoradh ó Ghreim Fholaithe an Dorchadais

Deabhóid Dhomhanda ar Fheasacht, ar Shaoradh & ar Chumhacht

Do Dhaoine Aonair, Teaghlaigh agus Náisiúin atá Réidh le Bheith Saor

De réir

Zacharias Godseagle; Ambassador Monday O. Ogbe and Comfort Ladi Ogbe

Clár ábhair

Maidir leis an Leabhar – Ó DORCHADAS GO TIOMNAIS 1
Téacs an Chlúdaigh Chúil 4
Cur Chun Cinn Meán Aon-Mhír (Preas/Ríomhphost/Fógra) 5
Tiomantas 7
Buíochas 8
Chuig an Léitheoir 10
Conas an Leabhar seo a Úsáid 12
Réamhrá 15
Réamhrá 17
Réamhrá 19
CAIBIDIL 1: BUNÚS AN RÍOCHT DORCHA 22
CAIBIDIL 2: CONAS A FHEIBHRÍONN AN RÍOCHT DORCHA INNIU 25
CAIBIDIL 3: POINTÍ IONTRÁLA – CONAS A BHFUIL DAOINE GREIMITHE AIR 28
CAIBIDIL 4: LÉIRITHE – Ó SHEALBH GO HAGHAIDH AN GHNÓ 30
CAIBIDIL 5: CUMHACHT AN FHOCLA – ÚDARÁS NA gCREIDEANN 33
LÁ 1: LÍNTE FOLAÍOCHTA & GEATAÍ — AG BRISEADH SLABHRAIDHÍ TEAGHLAIGH 36
LÁ 2: IONRAÍ BRIONGLÓIDÍ — NUAIR A BHÍONN AN OÍCHE INA CATHRÁN 39
LÁ 3: CÉILÍ SPIORADÁLA — AONTAIS NEAMHNAOMHA A CHEANGLANN CINNIDÍNÍ 42
LÁ 4: RÉADÁIN MALLACHTA – DOIRSE A THRÁILLÍONN 45
LÁ 5: FAOI GHEASTA AGUS MEALLTA — AG BRISEADH SAOR Ó SPIORAD NA FÁISTEACHTA 48
LÁ 6: GEATAÍ NA SÚILE - AG DÚNADH GEATAÍ AN DORCHDACHAIS 51
LÁ 7: AN CHUMHACHT TAOBH THIAR D'AINMNEACHA — AG TRÉIGINT FÉINIÚLACHTAÍ MÍ-NAOMHNA 54

LÁ 8: AG NOCHTADH AN TSOLAS BRÉAGACH — GAISTÍ NA NUA-AOISE AGUS MEALLTAIREACHTAÍ AINGILEACHA 57

LÁ 9: ALTAR NA FOLA — COMHDHÉANTA A ÉILÍONN BEATHA 60

LÁ 10: NÍL SÉ GO BHFUIL SÉ BRISTE AGUS NÍL SÉ GO BHFUIL 63

LÁ 11: NEAOMHARD UATH-IMDHÍONACHA & TUIRSE AINSEALACH — AN COGADH DO-FHEICTHE ISTIGH 66

LÁ 12: TIOMÁN & PÉARÁN MEABHAIR — NUAIR A BHÍONN AN INTINN INA CATHAIR 70

LÁ 13: SPIORAD AN EAGLA — AG BRISEADH AN CHÁISE DO-FHEICTHE 73

LÁ 14: MARCÁLACHA SÁTANACHA — AG SCRIOSADH AN BHRANDA MÍ-NAOMHNA 76

LÁ 15: RÍOCHT AN SCÁTHÁIN — AG ÉALÚ Ó PHRÍOSÚN NA MACHNAMH 80

LÁ 16: AG BRISEADH NA MALLACHTAÍ FOCAL — AG ATHGHAIRM D'AINM, DO THODHCHAÍ 84

LÁ 17: SAORADH Ó RIALÚ AGUS IONRÁIL 88

LÁ 18: AG BRISEADH CUMHACHT AN NEAMH-MHAITHNEACHTA AGUS AN SEIRBHSE 92

LÁ 19: AG SLÁNÚ Ó NÁIRE AGUS Ó CHÁINÍN 96

LÁ 20: DRAOIGHNEACHT AN TEAGHLAIGH — NUAIR A CHÓNAÍONN AN DORCHADAS FAOI AN DÍON CÉANNA 100

LÁ 21: SPIORAD ISÉABÉIL — MEABHLAÍOCHT, RIALÚ, AGUS IONRÁIL REILIGIÚNACH 104

LÁ 22: PÍOTÓIN AGUS PAIDREANNA — AG BRISEADH SPIORAD AN TSTRÓCAÍOCHTA 108

LÁ 23: RÍOCHÁIN NA hAOIRSE — AG LEAGADH DAINGEANNA CRÍCHE 111

LÁ 24: BLÚITHE ANAM — NUAIR A BHÍONN CODANNA DÍOT AR IARRAIDH 114

LÁ 25: MALLACHT LEANAÍ AISTEACHA — NUAIR A MHALARTAR CINNIDÍ AG AN mBREITH 117

LÁ 26: ALTAR CUMHACHTA I bhFOLACH — AG BRISEADH SAOR Ó CHONARTHAÍ OCCULTACHA MIONLAITHE 121

LÁ 27: COMHGHUIRTHE NEAMHNAOMHA — SAORMHAISNEACHT, ILLUMINATI & INSÍOTHADH SPIORADÁIL 124

LÁ 28: CABBALAH, EANGACHA FUINNIMH & MEALLTACHT AN "TSOLAIS" MISTÉIREACH 128

LÁ 29: BRÁTH AN ILLUMINATI — AG NOCHTADH LÍONRAÍ DOILGHNÉITHEACHA MIONLAÍ 132

LÁ 30: NA SCOILEANNA MISTÉIREACHA — RÚIN ÁRSA, DABHRAÍOCHT NUA-AIMSEARTHA 135

LÁ 31: CABBALAH, GEOIMÉADRA NAOFA & MEABHLÓIREACHT SOLAIS ELITE 139

LÁ 3 2: AN SPIORAD NATHRA ISTIGH — NUAIR A THAGANN AN SAORADH RÓ-MHALL 144

LÁ 33: AN SPIORAD NATHRA ISTIGH — NUAIR A THAGANN AN SAORADH RÓ-MHALL 148

LÁ 34: MAISONNAÍ, CÓID & MALLACHTAÍ — Nuair a Éiríonn an Bráithreachas ina Bhréagriocht 152

LÁ 35: CAILLEACHA SNA BUNANNA — NUAIR A THAGANN AN t-OLC ISTEACH TRÍ DHORSAÍ AN EAGLAIS 156

LÁ 36: GEASANNA CÓDÁLA — NUAIR A BHÍONN AMHRÁIN, FAISEAN AGUS SCANNÁIN INA dTAIRSEACHA 160

LÁ 37: NA HALTAIR DO-FHEICTHE CUMHACHTA — SAORMHAISÍNÍ, AN CABALA, AGUS NA LUACHMHÓIRÍ OCCLACHA 164

LÁ 38: COMHDHÉANTAÍ NA BROINE & RÍOCHTAÍ AN UISCE — NUAIR A THRUAILLÍTEAR AN CHINNIDHINT ROIMH AN mBREITH 168

LÁ 39: UISCE BAISTITHE I NGHLÁR — CONAS A OSCAILTEAR NAÍONÁIN, TOSACHAÍ AGUS COMHDHÉANTA NÍ FHEICTE DOIRSE 173

LÁ 40: Ó SHABHÁILTE GO SABHÁLAÍ — IS DO PHIANE DO ORDÚ 177

DEARBHÚ LAETHÚIL 360° AR FHÁIL AGUS RIALACHAS – Cuid 1 180
DEARBHÚ LAETHÚIL 360° AR FHÁIL AGUS RIALACHAS – Cuid 2 182
DEARBHÚ LAETHÚIL 360° AR SHÁBHÁILTEACHT & TIARNAS - Cuid 3 186
CONCLÚID: Ó MHARTHANAS GO MACACHT — FANACHT SAOR, MAIREACHTÁIL SAOR, DAOINE EILE A SHAORÚ 190
   Conas a Bheith Athbheirthe agus Saol Nua a Thosú le Críost 193
   Mo Nóiméad Slánaithe 195
   Teastas Saoil Nua i gCríost 196
   CEANGAIL LE AIREACHTAÍ IOLAIR DÉ 198
   LEABHAIR AGUS ACMHAINNE MOLTA 200
AGUISÍN 1: Paidir chun Draíocht Fholaithe, Cleachtais Occult, nó Altóirí Aisteacha san Eaglais a Aithint 214
AGUISÍN 2: Prótacal um Thréigean agus Glanadh na Meán 215
AGUISÍN 3: Saormhaisiúnacht, Kabbalah, Kundalini, Draíocht, Script Tréigthe Occult 216
AGUISÍN 4: Treoir Ghníomhachtaithe Ola Ungtha 217
AGUISÍN 6: Acmhainní Físe le Fianaise le haghaidh fáis spioradálta ... 218
RABHADH DEIREANACH: Ní Féidir Leat Imirt Leis Seo 219

Leathanach cóipchirt

Ó N DORCHADAS GO TIOMNAIS: 40 Lá le Saoradh ó Ghreim Fholaithe an Dorchadais – Paidreamh Domhanda ar Fheasacht, ar Shaoradh & ar Chumhacht

le Zacharias Godseagle , Comfort Ladi Ogbe & Ambassador Dé Luain O. Ogbe

Cóipcheart © 2025 le **Zacharias Godseagle agus God's Eagle Ministries – GEM**

Gach ceart ar cosaint.

Ní fhéadfar aon chuid den fhoilseachán seo a atáirgeadh, a stóráil i gcóras aisghabhála, ná a tharchur in aon fhoirm ná ar aon mhodh — leictreonach, meicniúil, fótachóipeáil, taifeadadh, scanadh, nó eile — gan cead roimh ré i scríbhinn ó na foilsitheoirí, ach amháin i gcás luachana gearra atá cuimsithe in ailt chriticiúla nó in athbhreithnithe.

Is saothar neamhfhicsin agus ficsean adhlactha an leabhar seo. Athraíodh roinnt ainmneacha agus sonraí aitheantais ar mhaithe le príobháideacht nuair is gá.

sleachta scrioptúrtha tógtha ó:

- *Aistriúchán Nua Beo (NLT)* , © 1996, 2004, 2015 le Fondúireacht Teach Tyndale. Úsáidte le cead. Gach ceart ar cosaint.

Dearadh clúdaigh le GEM FOIRNE
Leagan amach intí ag GEM FOIRNE
Foilsithe ag:
Zacharias Godseagle & God's Eagle Ministries – GEM
www.otakada.org [1] | ambassador@otakada.org
An Chéad Eagrán, 2025
Clóite i Stáit Aontaithe Mheiriceá

---

1. http://www.otakada.org

Maidir leis an Leabhar – Ó DORCHADAS GO TIOMNAIS

Ó DORCHADAS GO TIOMNAIS: 40 Lá le Saoradh ó Ghreim Fholaithe an Dorchadais - *Deabhóid Dhomhanda ar Fheasacht, ar Shaoradh & ar Chumhacht - Do Dhaoine Aonair, do Theaghlaigh, agus do Náisiúin atá Réidh le Bheith Saor* Ní hamháin gur searmanas paidir é — is teagmháil dhomhanda 40 lá é d' **Uachtaráin, do Phríomh-Airí, do Shagartaigh, d'Oibrithe Eaglaise, do POFanna, do Thuismitheoirí, do Dhéagóirí, agus do gach creidmheach** a dhiúltaíonn maireachtáil i gcruachás ciúin.

Pléann an searmanas cumhachtach 40 lá seo le *cogaíocht spioradálta, saoradh ó altóirí sinsear, briseadh naisc anama, nochtadh occult, agus fianaise dhomhanda ó iar-chailleacha, iar-Shátánaigh* , agus iad siúd a sháraigh cumhachtaí an dorchadais.

Cibé an bhfuil tú **i gceannas tíre** , **i do mhinistir eaglaise** , **i mbun gnó** , nó **ag troid ar son do theaghlaigh i gclóiséid na paidreacha** , nochtfaidh an leabhar seo a bhfuil ceilte, tabharfaidh sé aghaidh ar a bhfuil neamhaird déanta air, agus tabharfaidh sé cumhacht duit briseadh saor.

Deabhóid Dhomhanda 40 Lá ar Fheasacht, ar Shaoradh & ar Chumhacht

Laistigh de na leathanaigh seo, tabharfaidh tú aghaidh ar:

- Mallachtaí fola agus comhaontuithe sinsearacha
- Céilí spioradálta, biotáillí mara, agus ionramháil astral
- Saormhaisiúnacht, Kabbalah, múscailt kundalini, agus altóirí draíochta
- Tiomnuithe leanaí, tionscnaimh réamhbhreithe, agus iompróirí deamhanacha

- Ionsú na meán, tráma gnéasach, agus ilroinnt anama
- Cumainn rúnda, hintleacht shaorga dheamhanach, agus gluaiseachtaí athbheochana bréagacha

Áirítear leis seo a leanas gach lá:
- *Fíorscéal nó patrún domhanda*
- *Léargas bunaithe ar an Scrioptúr*
- *Feidhmeanna grúpa agus pearsanta*
- *Paidir shaortha + dialann machnaimh*

duitse atá an leabhar seo má tá tú:

- Uachtarán **nó déantóir beartais** atá ag lorg soiléireachta spioradálta agus cosaint do do náisiún
- Sagart , **idirghuí, nó oibrí eaglaise** ag troid i gcoinne fórsaí dofheicthe a chuireann i gcoinne fáis agus íonachta
- POF **nó ceannaire gnó** os comhair cogaíochta agus sabaitéireachta dothuigthe
- Déagóir **nó mac léinn** atá buailte ag brionglóidí, crá nó eachtraí aisteacha
- Tuismitheoir **nó cúramóir** ag tabhairt faoi deara patrúin spioradálta i do líne fola
- Ceannaire **Críostaí** tuirseach de thimthriallta paidreacha gan teorainn gan aon dul chun cinn
- Nó **creidmheach réidh le dul ó mharthanas go dtí ceannas buacach**

Cén Fáth an Leabhar seo?
Mar i ré ina bhfuil masc an tsolais ar an dorchadas, **ní rogha a thuilleadh an tsaoirse** .

Agus **is leis na daoine atá ar an eolas, na daoine atá feistithe, agus na daoine atá géillte atá an chumhacht** .

Scríofa ag Zacharias Godseagle , Ambasadóir Monday O. Ogbe , agus Comfort Ladi A Ogbe , tá níos mó ná teagasc amháin i gceist anseo — is

glao múscailte domhanda é don Eaglais, don teaghlach, agus do na náisiúin éirí suas agus troid ar ais — ní le heagla, ach le **heagna agus le húdarás** .

Ní féidir leat deisceabal a dhéanamh de rud nár sheachaid tú. Agus ní féidir leat siúl i gceannas go dtí go saorfaidh tú greim an dorchadais.

Bris na timthriallta. Tabhair aghaidh ar an rud ceilte. Glac do chinniúint ar ais — lá amháin ag an am.

Téacs an Chlúdaigh Chúil

Ó DORCHADAS GO TIOMNAIS
   40 Lá le Saoradh ó Ghreim Fholaithe
an Dorchadais Deabhóid Dhomhanda ar Fheasacht, ar Shaoradh & ar Chumhacht

uachtarán , **sagart** , **tuismitheoir** , nó **creidmheach paidreoireachta** thú — ag iarraidh saoirse agus dul chun cinn buan?

Ní hamháin gur searmanas paidreacha é seo. Is turas domhanda 40 lá é trí pháirceanna catha dofheicthe **chomhaontuithe sinsearacha, daoirse occult, spioraid mhara, ilroinnt anamacha, insíothlú na meán, agus go leor eile** . Nochtann gach lá fíor-theistiméireachtaí, léirithe domhanda, agus straitéisí saoirse inghníomhaithe.

Nochtfaidh tú:

- Conas a osclaítear geataí spioradálta—agus conas iad a dhúnadh
- Fréamhacha ceilte na moille, an phian agus an daoirse arís agus arís eile
- Paidreacha laethúla cumhachtacha, machnaimh, agus iarratais ghrúpa
- Conas siúl isteach i **réimeas** , ní hamháin saoirse

Ó **altóirí draíochta** san Afraic go **meabhlaireacht na haoise nua** i Meiriceá Thuaidh... ó **chumainn rúnda** san Eoraip go **comhaontuithe fola** i Meiriceá Laidineach— **nochtar an leabhar seo gach rud** .
DARKNESS TO DOMINION do threochlár chun saoirse, scríofa do **phaistirí, ceannairí, teaghlaigh, déagóirí, gairmithe, POFanna** , agus aon duine atá tuirseach de bheith ag rothaíocht trí chogaíocht gan bua.

"Ní féidir leat deisceabal a dhéanamh de rud nár sheachaid tú. Agus ní féidir leat siúl i gceannas go dtí go mbrisfidh tú saor ó ghreim an dorchadais."

Cur Chun Cinn Meán Aon-Mhír (Preas/Ríomhphost/Fógra)

Ó DORCHADAS GO TIOMNAIS: Is leabhar paidreacha domhanda é 40 Lá le Briseadh Saor ó Ghreim Fholaithe an Dorchadais a nochtann conas a théann an namhaid isteach i saolta, i dteaghlaigh agus i náisiúin trí altóirí, línte fola, cumainn rúnda, deasghnátha occult, agus comhréiteach laethúil. Le scéalta ó gach mór-roinn agus straitéisí saoirse tástáilte i gcath, tá an leabhar seo dírithe ar uachtaráin agus ar shagairt, ar POFanna agus ar dhéagóirí, ar fheara tí agus ar laochra spioradálta - ar aon duine atá ag iarraidh saoirse bhuan. Ní hamháin le haghaidh léitheoireachta atá sé - tá sé le haghaidh briseadh slabhraí.

Clibeanna Molta

- paidreacha saoirse
- cogaíocht spioradálta
- fianaise eis-dhoicindreach
- paidir agus troscadh
- ag briseadh mallachtaí glúnta
- saoirse ón dorchadas
- Údarás spioradálta Críostaí
- biotáillí mara
- meabhlaireacht kundalini
- cumainn rúnda nochtaithe
- Seachadadh 40 lá

 # Hashtags le haghaidh Feachtais
#DorchadasGoTiarnas
#SaoirseDéabhlóideach

#BrisNaSlabhraí
#SaoirseTríChríost
#DúiseachtDomhanda
#CathannaFolaitheNochtaithe
#GuíChunBrisSaor
#LeabharCogaíochtaSpioradálta
#ÓnDorchadasGoSolas
#ÚdarásRíocht
#GanTuilleadhCobhréasachta
#FianaiseEas-Occult
#RabhadhKundalini
#MarineSpiritsExposed
#40LáSaoirse

Tiomantas

Don té a ghlaoigh sinn amach as an dorchadas isteach ina sholas iontach —

Íosa Críost, ár Saoradóir, ár Solas-iompróir, agus Rí na Glóire.

Do gach anam atá ag béicíl amach i dtost — gafa ag slabhraí dofheicthe, ciaptha ag brionglóidí, céasta ag guthanna, agus ag troid i gcoinne an dorchadais in áiteanna nach bhfeiceann aon duine — is duitse atá an turas seo.

Chuig na **sagart**, **na hidirghuitheoirí**, agus **na faireoirí ar an mballa**,

Chuig na **máithreacha** a ghuíonn tríd an oíche, agus na **haithreacha** a dhiúltaíonn géilleadh,

Chuig an **mbuachaill óg** a fheiceann an iomarca, agus an **cailín beag** atá marcáilte ag an olc ró-luath,

Chuig na **POF**, **na huachtaráin**, agus **na cinnteoirí** a bhfuil meáchain dofheicthe á n-iompar acu taobh thiar de chumhacht phoiblí,

Chuig an **oibrí eaglaise** atá ag streachailt le daoirse rúnda, agus an **laoch spioradálta** a leomhann troid ar ais —

Seo bhur nglao chun éirí.

Agus dóibh siúd cróga a roinn a gcuid scéalta — go raibh maith agaibh. Saorann bhur gcréachta daoine eile anois.

Go soilseodh an paidir seo cosán trí na scáthanna agus go dtreoróidh sé go leor i dtreo ceannas, cneasaithe agus tine naofa.

Níl dearmad déanta ort. Níl tú gan chumhacht. Rugadh thú le haghaidh saoirse.

— *Zacharias Godseagle*, *Ambasadóir Dé Luain O. Ogbe & Comfort Ladi Ogbe*

Buíochas

Ar an gcéad dul síos, admhaímid **Dia Uilechumhachtach — Athair, Mac, agus Spiorad Naomh** , Údar an tSolais agus na Fírinne, a d'oscail ár súile do na cathanna dofheicthe taobh thiar de dhoirse dúnta, de veils, de phuipéid, agus d'ardáin. D'Íosa Críost, ár Saoradóir agus ár Rí, tugaimid gach glóir.

Do na fir agus na mná cróga ar fud an domhain a roinn a gcuid scéalta faoi phian, faoi bhua agus faoi chlaochlú — tá tonn domhanda saoirse adhainte ag bhur misneach. Go raibh maith agaibh as an tost a bhriseadh.

Do na hairí agus na faireoirí ar an mballa a d'oibrigh go dian in áiteanna ceilte — ag múineadh, ag idirghuí, ag seachadadh, agus ag déanamh idirdhealú — tugtar onóir do bhur mbuanseasmhacht. Leanann bhur n-umhlaíocht de bheith ag leagan daingne agus ag nochtadh meabhlaireachta in áiteanna arda.

Chuig ár dteaghlaigh, ár gcomhpháirtithe paidreacha, agus ár bhfoirne tacaíochta a sheas linn agus muid ag tochailt trí smionagar spioradálta chun an fhírinne a nochtadh - go raibh maith agaibh as bhur gcreideamh agus bhur bhfoighne gan staonadh.

Do thaighdeoirí, do fhianaise YouTube, do sceithirí, agus do laochra ríocht a nochtann an dorchadas trína n-ardáin — tá léargas, nochtadh agus práinn curtha leis an obair seo ag bhur misneach.

Chuig **Corp Chríost** : is leatsa an leabhar seo freisin. Go ndúisímid rún naofa ionat a bheith airdeallach, géarchúiseach agus gan eagla. Ní scríobhaimid mar shaineolaithe, ach mar fhinnéithe. Ní sheasaimid mar bhreithiúna, ach mar dhaoine fuascailte.

Agus ar deireadh, chuig **léitheoirí an tsean-scríbhinn seo** — lucht cuardaigh, laochra, sagairt, airí fuascailte, marthanóirí, agus lucht grá na fírinne ó gach náisiún — go gcumhachtódh gach leathanach sibh chun bogadh **Ó dorchadas go dtí an ceannas** .

— Zacharias Godseagle

— **Ambassador Dé Luain O. Ogbe**
— **Comfort Ladi Ogbe**

Chuig an Léitheoir

Ní leabhar amháin atá anseo. Is glao é.

Glao chun a bhfuil i bhfolach le fada an lá a nochtadh — chun aghaidh a thabhairt ar na fórsaí dofheicthe atá ag múnlú glúnta, córas agus anamacha. Cibé acu is **cuardaitheoir óg thú**, sagart atá tuirseach ó chathanna nach féidir leat a ainmniú, ceannaire gnó atá ag troid le sceimhle oíche, nó **ceann stáit atá os comhair dorchadas náisiúnta gan staonadh**, is é an t-ábhar paidreacha seo do **threoir amach as na scáthanna**.

Don **duine aonair**: Níl tú ar mire. Is féidir go bhfuil an rud a bhraitheann tú — i do bhrionglóidí, i d'atmaisféar, i do shliocht fola — spioradálta i ndáiríre. Ní leigheoir amháin é Dia; is fuascailteoir é.

Don **teaghlach**: Cabhróidh an turas 40 lá seo leat patrúin a aithint a bhfuil do shliocht fola ag cur as dóibh le fada an lá — andúilí, básanna roimh am, colscarthaí, neamhthorthaí, céasadh meabhrach, bochtanas tobann — agus na huirlisí a chur ar fáil duit chun iad a bhriseadh.

Chuig **ceannairí agus sagairt eaglaise**: Go múscail sé seo tuiscint agus misneach níos doimhne chun aghaidh a thabhairt ar réimse na spiorad ón gcrann taca, ní hamháin ón ardán. Ní rogha í an tsaoirse. Is cuid den Choimisiún Mór í.

Chuig **POFanna, fiontraithe, agus gairmithe**: Feidhmíonn comhaontuithe spioradálta i seomraí boird chomh maith. Tiomnaigh do ghnó do Dhia. Leag síos altóirí sinsearacha atá faoi cheilt mar ádh gnó, comhaontuithe fola, nó fabhar Saormháisiúnaigh. Tóg le lámha glana.

Chuig na **faireoirí agus na hidirghuitheoirí**: Ní raibh bhur n-aireachas in easnamh. Is arm i bhur lámha an acmhainn seo — do bhur gcathair, do bhur réigiún, do bhur náisiún.

A **Uachtaráin agus a Phríomh-Airí**, má shroicheann sé seo bhur ndeasc riamh: Ní hamháin beartais a rialaítear náisiún. Rialaítear iad le haltóirí - a thógtar i ngan fhios nó go poiblí. Go dtí go ndéanfar aghaidh ar na bunchlocha ceilte, fanfaidh an tsíocháin doiléir. Go spreagfaidh an paidir seo sibh i dtreo athchóirithe glúine.

Don **fhear óg nó don bhean óg** atá ag léamh seo i nóiméad éadóchais: Feiceann Dia thú. Roghnaigh sé thú. Agus tá sé ag tarraingt amach thú - go deo.

Seo é do thuras. Lá amháin ag an am. Slabhra amháin ag an am.

Ó Dorchadas go Tiarnas — is é do chuid ama é.

Conas an Leabhar seo a Úsáid

Ó DORCHADAS GO TIOMNAIS: Is mó ná paidir é 40 Lá le Briseadh Saor ó Ghreim Fholaithe an Dorchadais — is lámhleabhar saoirse, díthocsainiú spioradálta, agus campa oiliúna cogaíochta é. Cibé an bhfuil tú ag léamh leat féin, le grúpa, in eaglais, nó mar cheannaire ag treorú daoine eile, seo an chaoi le leas is fearr a bhaint as an turas cumhachtach 40 lá seo:

Rithim Laethúil

Leanann gach lá struchtúr comhsheasmhach chun cabhrú leat dul i ngleic le spiorad, anam agus corp:

- **Príomh-Theagasc Deabhóideach** – Téama nochtaithe a nochtann dorchadas ceilte.
- **Comhthéacs Domhanda** – Conas a léirítear an daingean seo ar fud an domhain.
- **Scéalta Fíor-Shaoil** – Fíor-theagmhálacha saortha ó chultúir éagsúla.
- **Plean Gníomhaíochta** – Cleachtaí spioradálta pearsanta, diúltú, nó dearbhuithe.
- **Feidhmchlár Grúpa** – Le húsáid i ngrúpaí beaga, i dteaghlaigh, in eaglaisí, nó i bhfoirne saoirse.
- **Léargas Príomhúil** – Rud éigin le tabhairt le cuimhneamh air agus le guí air.
- **Dialann Machnaimh** – Ceisteanna croíúla chun gach fírinne a phróiseáil go domhain.
- **Paidir Shaortha** - Paidir cogaíochta spioradálta spriocdhírithe chun daingneáin a bhriseadh.

Cad a bheidh uait

- Do **Bhíobla**
- Dialann **nó leabhar nótaí tiomnaithe**
- **Ola ungadh** (roghnach ach cumhachtach le linn paidreacha)
- Fonnmhaireacht **troscadh agus guí** de réir threoracha an Spioraid
- **Comhpháirtí cuntasachta nó foireann paidir** le haghaidh cásanna níos doimhne

Conas a Úsáid le Grúpaí nó le hEaglaisí

- Buail le chéile **go laethúil nó go seachtainiúil** chun léargais a phlé agus paidreacha a threorú le chéile.
- **Dialann Machnaimh** a chomhlánú roimh sheisiúin ghrúpa.
- Bain úsáid as an rannán **Iarratais Ghrúpa** chun plé, admháil, nó chuimhneacháin shaortha corparáideacha a spreagadh.
- Ainmnigh ceannairí oilte chun déileáil le léirithe níos déine.

Do Phaistéirí, Ceannairí, agus Airí Saoirse

- Múin na topaicí laethúla ón gcrannóg nó i scoileanna oiliúna saortha.
- Cuir d'fhoireann ar an eolas chun an oideas seo a úsáid mar threoir chomhairleoireachta.
- Saincheap rannóga de réir mar is gá le haghaidh mapáil spioradálta, cruinnithe athbheochana, nó tiomáint paidreacha cathrach.

Aguisíní le hIniúchadh

Ag deireadh an leabhair, gheobhaidh tú acmhainní bónais cumhachtacha, lena n-áirítear:

1. **Dearbhú Laethúil ar Shaoradh Iomlán** – Abair seo os ard gach maidin agus oíche.
2. **Treoir maidir le Tréigean na Meán** – Díthocsainigh do shaol ó thruailliú spioradálta sa siamsaíocht.
3. **Paidir chun Altóirí Folaithe in Eaglaisí a Aithint** – Do lucht idirghuí agus d'oibrithe eaglaise.
4. **Saormhaisiúnacht, Kabbalah, Kundalini & Script Tréigean**

Occult – Paidreacha cumhachtacha aithrí.
5. **Liosta Seiceála um Shaoradh Maise** – Le húsáid i gcrosóga, i gcomhaltachtaí tí, nó i gcúrsaí cúlú pearsanta.
6. **Naisc Físeáin Fianaise**

Réamhrá

Tá cogadh ann — gan fhaca, gan labhairt, ach thar a bheith fíor — ag dul i bhfuadar thar anamacha fir, ban, leanaí, teaghlach, pobal, agus náisiún.

Níor rugadh an leabhar seo as teoiric, ach as tine. As seomraí saortha ag gol. As fianaise a cogarnaítear i scáthanna agus a ghlaoitear ó dhíonta tithe. As staidéar domhain, idirghuí domhanda, agus frustrachas naofa le Críostaíocht dhromchla nach n-éiríonn léi déileáil le **fréamhacha an dorchadais** atá fós ag gabháil do chreidmhigh.

Tá an iomarca daoine tagtha chuig an gcros ach tá siad fós ag tarraingt slabhraí. Tá an iomarca sagart ag seanmóireacht saoirse agus iad á gcéasadh i ngan fhios ag deamhain an lust, an eagla, nó comhaontuithe sinsearacha. Tá an iomarca teaghlach gafa i dtimthriallta - bochtaineacht, claonadh, andúile, neamhthorthaí, náire - agus **níl a fhios acu cén fáth**. Agus seachnaíonn i bhfad an iomarca eaglaisí labhairt faoi dheamhain, draíocht, altóirí fola, nó saoirse mar go bhfuil sé "ró-dhian".

Ach níor sheachain Íosa an dorchadas — **thug sé aghaidh air**.

Níor rinne sé neamhaird de dheamhain — **chaith sé amach iad**.

Agus níor fuair sé bás díreach chun maithiúnas a thabhairt duit — fuair sé bás chun **tú a shaoradh**.

Ní staidéar ócáideach Bíobla atá sa mhaorga dhomhanda 40 lá seo. Is **seomra oibríochta spioradálta é**. Dialann saoirse. Léarscáil as ifreann dóibh siúd a bhraitheann sáinnithe idir slánú agus fíorshaoirse. Cibé acu déagóir thú atá ceangailte ag pornagrafaíocht, Céad Bhean atá cráite ag brionglóidí faoi nathracha, Príomh-Aire atá cráite ag ciontacht sinsear, fáidh atá ag ceilt daoirse rúnda, nó leanbh atá ag dúiseacht ó bhrionglóidí deamhanta - is duitse an turas seo.

Gheobhaidh tú scéalta ó gach cearn den domhan — an Afraic, an Áise, an Eoraip, Meiriceá Thuaidh agus Theas — ag deimhniú aon fhírinne amháin: **níl**

aon duine ag an diabhal. Ach níl Dia ach an oiread. Agus an rud atá déanta aige do dhaoine eile, is féidir leis a dhéanamh duitse.

Tá an leabhar seo scríofa do:

- **Daoine aonair** atá ag lorg saoirse phearsanta
- **Teaghlaigh** a bhfuil gá acu le leigheas glúine
- **Pastors** agus oibrithe eaglaise a bhfuil trealamh de dhíth orthu
- **Ceannairí gnó** ag nascleanúint cogaíochta spioradálta in áiteanna arda
- **Náisiúin** ag béicíl ar son athbheochana fíor
- **Daoine óga** a d'oscail doirse gan fhios dóibh
- **Airí Saoirse** a bhfuil struchtúr agus straitéis de dhíth orthu
- Agus fiú **iad siúd nach gcreideann i ndeamhain** — go dtí go léann siad a scéal féin ar na leathanaigh seo

Beidh tú faoi bhrú. Beidh dúshlán romhat. Ach má fhanann tú ar an gcosán, déanfar **claochlú ort freisin**.

Ní hamháin go mbeidh tú saor ó thrioblóid.

Beidh tú ag **siúl i réimeas**.

Tosaímis.

— *Zacharias Godseagle*, *Ambasadóir Monday O. Ogbe*, *agus Comfort Ladi Ogbe*

Réamhrá

Tá corraíl sna náisiúin. Crith i ríocht na spiorad. Ó phuipéid go parlaimintí, ó sheomraí suí go heaglaisí faoi thalamh, tá daoine i ngach áit ag dúiseacht chuig fírinne scanrúil: tá raon feidhme an namhad faoina luachmhéadú againn - agus tá míthuiscint déanta againn ar an údarás atá againn i gCríost.

Ó Dhorchadas go Ceannasacht ; is glao soiléir é. Lámhleabhar fáidhiúil. Líne tarrthála dóibh siúd atá cráite, ceangailte, agus creidmheach ó chroí atá ag fiafraí díot féin, "Cén fáth a bhfuil mé fós i slabhraí?"

Mar dhuine a chonaic athbheochan agus saoirse ar fud na náisiún, tá a fhios agam go pearsanta nach bhfuil easpa eolais ar an Eaglais - tá easpa **feasachta spioradálta** , **misnigh** agus **smacht orainn** . Dúnann an saothar seo an bhearna sin. Fíonn sé fianaise dhomhanda, fírinne chrua, gníomh praiticiúil agus cumhacht na croise le chéile i dturas 40 lá a chroithfidh an deannach de shaolta díomhaoin agus a lasfaidh tine sna daoine tuirseacha.

Don sagart a leomhann aghaidh a thabhairt ar altóirí, don duine óg a throidann go ciúin le brionglóidí deamhanacha, don úinéir gnó atá gafa i gcomhaontuithe dofheicthe, agus don cheannaire a bhfuil a fhios aige go bhfuil rud éigin *cearr go spioradálta* ach nach féidir leis ainm a thabhairt air — is duitse an leabhar seo.

Impím ort gan é a léamh go héighníomhach. Lig do gach leathanach do spiorad a spreagadh. Lig do gach scéal cogadh a bhreith. Lig do gach dearbhú do bhéal a oiliúint chun labhairt le tine. Agus nuair a bheidh na 40 lá seo siúlta agat, ná ceiliúir do shaoirse amháin - bí i do shoitheach do shaoirse daoine eile.

Mar ní hamháin éalú ón dorchadas atá i gceist le fíor-cheannas...

Is é atá i gceist le casadh timpeall agus daoine eile a tharraingt isteach sa solas.

I nÚdarás agus i gCumhacht Chríost,

Ambasadóir Ogbe

Réamhrá

Ó N DORCHADAS GO TIOMNAIS: Ní hamháin go bhfuil 40 Lá le Briseadh Saor ó Ghreim Fholaithe an Dorchadais eile—is glao múscailte domhanda é.

Ar fud an domhain—ó shráidbhailte tuaithe go pálás uachtaránachta, ó altóirí eaglaise go seomraí boird—tá fir agus mná ag gol ar son saoirse. Ní hamháin slánú. **Saoradh. Soiléireacht. Dul Chun Cinn. Sláine. Síocháin. Cumhacht.**

Ach seo an fhírinne: Ní féidir leat a chaitheamh amach an rud a fhulaingíonn tú. Ní féidir leat briseadh saor ó rud nach féidir leat a fheiceáil. Is é an leabhar seo do sholas sa dorchadas sin.

Ar feadh 40 lá, siúlfaidh tú trí theagasc, scéalta, fianaise agus gníomhartha straitéiseacha a nochtfaidh oibríochtaí ceilte an dorchadais agus a thabharfaidh cumhacht duit chun an ceann is fearr a fháil orthu—spiorad, anam agus corp.

Cibé acu is sagart, POF, misinéir, idirghuí, déagóir, máthair, nó ceann stáit thú, cuirfidh ábhar an leabhair seo aghaidh ort. Ní chun náire a chur ort - ach chun tú a shaoradh agus tú a ullmhú chun daoine eile a threorú i dtreo na saoirse.

paidir dhomhanda feasachta, saoirse agus cumhachta í seo — fréamhaithe sa scrioptúr, géaraithe ag cuntais ón saol fíor, agus tumtha i bhfuil Íosa.

Conas an Deabhóid seo a Úsáid

1. **Tosaigh leis na 5 Chaibidil Bhunúsacha**
   Leagann na caibidlí seo an dúshraith. Ná scipeáil iad. Cabhróidh siad leat ailtireacht spioradálta an dorchadais agus an t-údarás atá tugtha duit chun ardú os a chionn a thuiscint.

2. **Siúil Trí Gach Lá go D'aon ghnó**
   Áirítear i ngach iontráil laethúil téama fócais, léirithe domhanda,

scéal fíor, scrioptúir, plean gníomhaíochta, smaointe maidir le cur i bhfeidhm grúpa, léargas tábhachtach, leideanna dialainne, agus paidir chumhachtach.

3. **Dún Gach Lá Leis an Dearbhú Laethúil 360°**
atá le fáil ag deireadh an leabhair seo, tá an dearbhú cumhachtach seo deartha chun do shaoirse a threisiú agus do gheataí spioradálta a chosaint.

4. **Bain úsáid as ina aonar nó i ngrúpaí**
Cibé an bhfuil tú ag dul tríd seo ina aonar nó i ngrúpa, i gcomhaltacht bhaile, i bhfoireann idirghuí, nó in aireacht shaortha—lig don Spiorad Naomh an luas a threorú agus an plean catha a phearsantú.

5. **Bí ag súil le Freasúra—agus**
tiocfaidh Friotaíocht Tríd an mBriseadh. Ach tiocfaidh saoirse freisin. Is próiseas í an tSaoirse, agus tá Íosa tiomanta do shiúl leis leat.

CAIBIDILÍ BUNÚSACHA (Léigh Roimh Lá 1)

1. Bunús Ríocht na Dorcha

Ó éirí amach Lucifer go dtí teacht chun cinn ordlathais dheamhanacha agus spioraid chríochacha, rianaíonn an chaibidil seo stair Bhíobla agus spioradálta an dorchadais. Trí thuiscint a fháil ar an áit ar thosaigh sé, cabhróidh sé leat a aithint conas a oibríonn sé.

2. Conas a Oibríonn an Ríocht Dorcha Inniu

Ó chonarthach agus íobairtí fola go haltóirí, biotáillí mara, agus insíothlú teicneolaíoch, nochtar sa chaibidil seo aghaidheanna nua-aimseartha na spiorad ársa—lena n-áirítear an chaoi a bhféadfadh na meáin, treochtaí, agus fiú reiligiún feidhmiú mar chamúfláil.

3. Pointí Iontrála: Conas a Ghabhann Daoine Dul i nGreim

Ní bheirtear aon duine i mbraighdeanas de thaisme. Scrúdaíonn an chaibidil seo doirse ar nós tráma, altóirí sinsear, nochtadh draíochta, naisc anama, fiosracht occult, Saormháisúnacht, spioradáltacht bhréagach, agus cleachtais chultúrtha.

4. Léirithe: Ó Sheilbh go hUaigneas

Cén chuma atá ar dhaoirse? Ó thromluí go moill phósta, neamhthorthúlacht, andúil, buile, agus fiú "gáire naofa", nochtann an chaibidil seo conas a chuireann deamhain iad féin i bhfolach mar fhadhbanna, bronntanais, nó pearsantachtaí.

5. Cumhacht an Bhriathair: Údarás na gCreidmheach

Sula dtosaímid ar an gcogadh 40 lá, ní mór duit do chearta dlíthiúla i gCríost a thuiscint. Tugann an chaibidil seo dlíthe spioradálta, airm chogaidh, prótacail scrioptúrtha, agus teanga na saoirse duit.

MOLADH DEIREANACH SULA dTOSAÍONN TÚ

Níl Dia ag glaoch ort chun an dorchadas *a bhainistiú*.

Tá sé ag glaoch ort chun **smacht a choinneáil** air.

Ní le neart, ní le cumhacht, ach le a Spiorad.

Go mbeadh níos mó ná paidir sna 40 lá seo chugainn.

Go mbeadh sé ina shochraid do gach altóir a raibh smacht aige ort tráth...agus ina chorónú isteach sa chinniúint a d'ordaigh Dia duit.

Tosaíonn do thuras ceannais anois.

CAIBIDIL 1: BUNÚS AN RÍOCHT DORCHA

"*Óir ní i gcoinne fola agus feola atáimid ag gleacaíocht, ach i gcoinne prionsabail, i gcoinne cumhachtaí, i gcoinne rialóirí dorchadais an tsaoil seo, i gcoinne olc spioradálta sna hardáiteanna.*" —Eifeasaigh 6:12

Fada sular tháinig an chine daonna ar stáitse an ama, phléasc cogadh dofheicthe amach sna flaithis. Ní cogadh claímh ná gunnaí a bhí ann, ach éirí amach - tréas ard i gcoinne naofachta agus údarás an Dé is Airde. Nochtann an Bíobla an rúndiamhair seo trí shleachta éagsúla a thugann le fios titim cheann de na haingil is áille ag Dia - **Lúcifear**, an fear lonrach - a leomh é féin a ardú os cionn ríchathaoir Dé (Íseáia 14:12–15, Eazeciéil 28:12–17).

Rugadh an **Ríocht Dorcha as an éirí amach cosmach seo** - réimse friotaíochta spioradálta agus meabhlaireachta, comhdhéanta d'aingil tite (deamhain anois), prionsachtaí, agus cumhachtaí ailínithe i gcoinne thoil Dé agus mhuintir Dé.

Titim agus Foirmiú an Dorchadais

NÍ RAIBH LÚCIFEAR OLC i gcónaí. Cruthaíodh é go foirfe in eagna agus in áilleacht. Ach tháinig uabhar ina chroí, agus d'éirigh an t-uabhar ina cheannairc. Mheall sé trian d'aingil na bhflaitheas chun é a leanúint (Apacailipsis 12:4), agus caitheadh amach as neamh iad. Tá a gcuid fuatha i leith an chine dhaonna fréamhaithe in éad - mar gur cruthaíodh an cine daonna i ndéanamh Dé agus tugadh ceannas dó.

Mar sin a thosaigh an cogadh idir **Ríocht an tSolais** agus **Ríocht an Dorchadais** — coimhlint dofheicthe a bhaineann le gach anam, gach teach, agus gach náisiún.

Léiriú Domhanda na Ríochta Dorcha

CÉ GO BHFUIL SÉ DOFHEICTHE, tá tionchar na ríochta dorcha seo fite fuaite go domhain i:

- **Traidisiúin chultúrtha** (adhradh sinsear, íobairtí fola, cumainn rúnda)
- **Siamsaíocht** (teachtaireachtaí fo-chomhfhiosacha, ceol agus seónna occult)
- **Rialachas** (éilliú, comhaontuithe fola, mionnaí)
- **Teicneolaíocht** (uirlisí le haghaidh andúile, rialaithe, ionramháil intinne)
- **Oideachas** (daonnachas, coibhneasacht, soilsiú bréagach)

Ó juju Afracach go misteachas nua-aoiseach an Iarthair, ó adhradh jinn sa Mheánoirthear go seamanachas Mheiriceá Theas, tá na foirmeacha éagsúil ach **tá an spiorad mar a chéile** - meabhlaireacht, ceannas agus scrios.

Cén Fáth a bhfuil an Leabhar seo Tábhachtach Anois

IS É CLEAS IS MÓ SÁTAN ná daoine a chur ina luí nach bhfuil sé ann - nó níos measa fós, go bhfuil a bhealaí neamhdhíobhálach.

lámhleabhar faisnéise spioradálta é an t-ábhar seo — ag ardú an bhrat, ag nochtadh a scéimeanna, agus ag cumhachtú creidmhigh ar fud na mór-roinne chun:

- **Aithint** pointí iontrála
- **Tréigean** comhaontuithe i bhfolach
- **Seasamh** le húdarás
- **Aisghabháil** a rinneadh ar a goideadh

Rugadh thú i gcath

NÍ PAIDIR É SEO DO dhaoine lagchroíocha. Rugadh i bpáirc chatha thú, ní i bpáirc súgartha. Ach is é an dea-scéal ná: **Tá an cogadh buaite ag Íosa cheana féin!**

"Dhí-armáil sé na rialóirí agus na húdaráis agus chuir sé náire orthu go hoscailte, trí bhua a fháil orthu ann." — Colosaigh 2:15

Ní íospartach thú. Is mó ná buaiteoir thú trí Chríost. Nochtaimis an dorchadas — agus siúlaimis go dána isteach sa solas.

Léargas Príomhúil

Is é an bród, an t-éirí amach, agus diúltú riail Dé bunús an dorchadais. Tá na síolta céanna seo fós ag feidhmiú i gcroíthe daoine agus córas inniu. Chun cogaíocht spioradálta a thuiscint, ní mór dúinn tuiscint a fháil ar dtús ar an gcaoi ar thosaigh an t-éirí amach.

Dialann Machnaimh

- An bhfuil mé tar éis cogaíocht spioradálta a dhíbhe mar phiseog?
- Cad iad na cleachtais chultúrtha nó teaghlaigh atá normalaithe agam a d'fhéadfadh a bheith ceangailte le héirí amach ársa?
- An dtuigim i ndáiríre an cogadh inar rugadh mé?

Paidir an tSoilsithe

A Athair Neamhaí, nocht dom fréamhacha ceilte an éirí amach timpeall orm agus istigh ionam. Nocht bréaga an dorchadais a d'fhéadfadh a bheith glactha agam gan fhios dom. Lig do fhírinne lonrú i ngach áit scáthach. Roghnaím Ríocht an tSolais. Roghnaím siúl san fhírinne, sa chumhacht agus sa tsaoirse. In ainm Íosa. Áiméan.

CAIBIDIL 2: CONAS A FHEIBHRÍONN AN RÍOCHT DORCHA INNIU

"*Ar eagla go mbeadh buntáiste ag Sátan orainn: óir níl a fhios againn faoina chleasa.*" — 2 Corantaigh 2:11

Ní oibríonn ríocht an dorchadais go randamach. Is bonneagar spioradálta dea-eagraithe, domhain-sraithe í a léiríonn straitéis mhíleata. A sprioc: insíothlú, ionramháil, rialú, agus sa deireadh scrios. Díreach mar atá céim agus ord ag Ríocht Dé (aspal, fáithe, srl.), tá ag ríocht an dorchadais freisin - le prionsachtaí, cumhachtaí, rialóirí an dorchadais, agus olc spioradálta in áiteanna arda (Eifeasaigh 6:12).

Ní miotas í an Ríocht Dorcha. Ní béaloideas ná piseog reiligiúnach í. Is líonra dofheicthe ach fíor de ghníomhairí spioradálta í a ionramhálann córais, daoine, agus fiú eaglaisí chun clár oibre Shátain a chomhlíonadh. Cé go samhlaíonn go leor forcanna agus adharca dearga, tá fíoroibriú na ríochta seo i bhfad níos caolchúisí, níos córasaí, agus níos mailísí.

1. Is í an mheabhlaireacht a n-airgeadra

Déanann an namhaid trádáil le bréaga. Ó Ghairdín Éidin (Geineasas 3) go dtí fealsúnachtaí an lae inniu, bhí cleasa Shátain i gcónaí dírithe ar amhras a chur i bhFocal Dé. Sa lá atá inniu ann, feictear meabhlaireacht i bhfoirm:

- *Teagasc na hAoise Nua faoi cheilt mar shoilsiú*
- *Cleachtais rúnda faoi cheilt mar bhród cultúrtha*
- *Draíocht á glórú i gceol, i scannáin, i gcartúin, agus i dtreochtaí na meán sóisialta*

Glacann daoine páirt i deasghnátha gan a fhios dóibh nó úsáideann siad meáin a osclaíonn doirse spioradálta gan idirdhealú.

2. Struchtúr Ordlathach an Uilc

Díreach mar atá ord i Ríocht Dé, feidhmíonn an ríocht dhorcha faoi ordlathas sainithe:

- **Prionsachtaí** – Spiorada críochacha a mbíonn tionchar acu ar náisiúin agus ar rialtais
- **Cumhachtaí** – Gníomhairí a chuireann olc i bhfeidhm trí chórais dheamhanacha
- **Rialtóirí an Dorchadais** – Comhordaitheoirí daille spioradálta, adhradh íol, reiligiúin bhréagaigh
- **Aingidheacht Spioradálta in Áiteanna Arda** – Eintitis ar leibhéal mionlach a mbíonn tionchar acu ar chultúr, ar shaibhreas agus ar theicneolaíocht dhomhanda

Déanann gach deamhan speisialtóireacht i gcúraimí áirithe — eagla, andúil, claonadh gnéasach, mearbhall, bród, deighilt.

3. Uirlisí Rialaithe Cultúrtha

Ní gá don diabhal teacht i láthair go fisiciúil a thuilleadh. Déanann an cultúr an obair throm anois. I measc a straitéisí inniu tá:

- **Teachtaireachtaí Fo-chomhfhiosacha:** Ceol, seónna, fógraí atá lán de shiombailí ceilte agus teachtaireachtaí droim ar ais
- **Dí-íogrú:** Nochtadh arís agus arís eile do pheaca (foréigean, nochtas, maslaí) go dtí go n-éiríonn sé "gnáth".
- **Teicnící Rialaithe Intinne:** Trí hipnóis sna meáin, ionramháil mhothúchánach, agus halgartaim andúileacha

Ní de thaisme atá seo. Is straitéisí iad seo atá ceaptha chun dearcadh morálta a lagú, teaghlaigh a scrios, agus an fhírinne a athshainiú.

4. Comhaontuithe Glúine & Línte Fola

Trí bhrionglóidí, deasghnátha, tiomantais, nó comhaontuithe sinsearacha, bíonn go leor daoine ailínithe leis an dorchadas gan a fhios dóibh. Baineann Sátan leas as:

- Altóirí teaghlaigh agus íolanna sinsearacha
- Searmanais ainmniúcháin ag glaoch ar spioraid

- Peacaí nó mallachtaí rúnda teaghlaigh a tugadh anuas

Osclaíonn siad seo forais dhlíthiúla le haghaidh trioblóide go dtí go mbrisfear an conradh le fuil Íosa.

5. Míorúiltí Bréagacha, Fáithe Bréagacha

Is breá leis an Ríocht Dorcha an reiligiún — go háirithe mura bhfuil an fhírinne ná an chumhacht inti. Meallann fáithe bréagacha, spioraid mheallacha, agus míorúiltí góchumtha na maiseanna:

"Óir déanann Sátan féin aingeal solais." — 2 Corantaigh 11:14

Leanann go leor daoine inniu guthanna a chuireann greann ina gcluasa ach a cheanglaíonn a n-anamacha.

Léargas Príomhúil

Ní bhíonn an diabhal glórach i gcónaí — uaireanta bíonn sé ag cogarnaigh trí chomhréiteach. Is é an cleas is fearr atá ag Ríocht Dhorcha ná daoine a chur ina luí go bhfuil siad saor, agus iad féin faoi sclábhaíocht go seiftiúil.

Dialann Machnaimh:

- Cá bhfaca tú na hoibríochtaí seo i do phobal nó i do náisiún?
- An bhfuil aon seónna, ceol, aipeanna, nó deasghnátha atá normalaithe agat a d'fhéadfadh a bheith ina n-uirlisí ionramhála i ndáiríre?

Paidir Feasachta & Aithrí:

A Thiarna Íosa, oscail mo shúile le go bhfeicfidh mé oibríochtaí an namhad. Nocht gach bréag a chreid mé. Maith dom as gach doras a d'oscail mé, go feasach nó gan a fhios agam. Brisim comhaontú leis an dorchadas agus roghnaím do fhírinne, do chumhacht, agus do shaoirse. In ainm Íosa. Áiméan.

CAIBIDIL 3: POINTÍ IONTRÁLA – CONAS A BHFUIL DAOINE GREIMITHE AIR

"*Ná tabhair greim don diabhal.*" — Eifeasaigh 4:27

I ngach cultúr, glúin agus baile, bíonn oscailtí ceilte ann — geataí trína dtagann dorchadas spioradálta isteach. D'fhéadfadh na pointí iontrála seo a bheith neamhdhíobhálach ar dtús: cluiche óige, deasghnáth teaghlaigh, leabhar, scannán, tráma gan réiteach. Ach nuair a osclaítear iad, is bunús dlíthiúil iad do thionchar deamhanach.

Pointí Iontrála Coitianta

1. **Comhaontuithe Fola-líne** – Mionnaí, deasghnátha agus íoladhradh sinsear a thugann rochtain do spioraid olca.
2. **Nochtadh Luath don Occult** – Mar atá i scéal *Lourdes Valdivia* ón mBolaiv, is minic a bhíonn leanaí a bhíonn nochtaithe do dhraíocht, spioradáltacht, nó deasghnátha occult i mbaol ó thaobh spioradáltachta de.
3. **Meáin & Ceol** – Is féidir le hamhráin agus scannáin a thugann glóir don dorchadas, don chiallúlacht, nó don éirí amach tionchar spioradálta a spreagadh go seimh.
4. **Tráma agus Mí-Úsáid** – Is féidir le mí-úsáid ghnéasach, tráma foréigneach, nó diúltú an anam a scoilteadh do spioraid leatromacha.
5. **Peaca Gnéis & Naisc Anama** – Is minic a chruthaíonn aontais ghnéis neamhdhleathacha naisc spioradálta agus aistriú spiorad.
6. **An Aois Nua & Reiligiún Bréagach** – Is cuireadh faoi cheilt iad criostail, ióga, treoracha spioradálta, horoscóip, agus "draíocht bhán".
7. **Searbhas & Neamh-mhaithiúnas** – Tugann siad seo ceart dlíthiúil do spioraid dheamhanta céasadh a dhéanamh (féach Maitiú 18:34).

Buaicphointe Fianaise Dhomhanda: *Lourdes Valdivia (An Bholaiv)*
Nuair nach raibh sí ach seacht mbliana d'aois, thug a máthair, a bhí ina hoilteach le fada, isteach i ndraíocht Lourdes. Bhí a teach lán de shiombailí, de chnámha ó reiligí, agus de leabhair draíochta. Bhí taithí aici ar theilgean astral, ar ghlórtha, agus ar phian sular aimsigh sí Íosa sa deireadh agus gur scaoileadh saor í. Tá a scéal ar cheann de go leor - rud a chruthaíonn conas a osclaíonn nochtadh luath agus tionchar glúine doirse chuig daoirse spioradálta.

Tagairt do na hExploits Níos Mó:
Is féidir scéalta faoi mar a d'oscail daoine doirse gan fhios dóibh trí ghníomhaíochtaí "neamhdhíobhálacha" – ach amháin le bheith gafa sa dorchadas – a fháil i *Greater Exploits 14* agus *Delivered from the Power of Darkness*. (Féach an t-aguisín)

Léargas Príomhúil
Is annamh a thagann an namhaid isteach. Fanann sé go n-osclófar doras. Is féidir leis an rud a bhraitheann neamhurchóideach, oidhreachtúil, nó siamsúil a bheith ina gheata atá ag teastáil ón namhaid uaireanta.

Dialann Machnaimh

- Cad iad na chuimhneacháin i mo shaol a d'fhéadfadh a bheith ina bpointí iontrála spioradálta?
- An bhfuil traidisiúin nó rudaí "neamhdhíobhálacha" ann ar gá dom ligean uathu?
- An gá dom aon rud ó mo shaol nó ó shliocht mo theaghlaigh a thréigean?

Paidir an Tréigthe
A Athair, dúnaim gach doras a d'oscail mé féin nó mo shinsear don dorchadas. Tréigim gach comhaontú, nasc anama, agus nochtadh d'aon rud mínaofa. Brisim gach slabhra le fuil Íosa. Dearbhaím gur le Críost amháin mo chorp, m'anam, agus mo spiorad. In ainm Íosa. Áiméan.

CAIBIDIL 4: LÉIRITHE – Ó SHEALBH GO HAGHAIDH AN GHNÓ

"**N**uair a thagann spiorad neamhghlan amach as duine, téann sé trí áiteanna tirime ag lorg suaimhnis agus ní fhaigheann sé í. Ansin deir sé, 'Fillfidh mé ar an teach a d'fhág mé.'" — Maitiú 12:43

Nuair a thagann duine faoi thionchar na ríochta dorcha, athraíonn na léirithe bunaithe ar an leibhéal rochtana deamhanaí a thugtar dó. Ní shocraíonn an namhaid spioradálta le cuairt - is é an aidhm deiridh atá aige ná cónaí agus smacht a fháil.

Leibhéil Léirithe

1. **Tionchar** – Faigheann an namhaid tionchar trí smaointe, mothúcháin agus cinntí.
2. **Cos ar Leataobh** – Tá brú seachtrach, troime, mearbhall agus crá ann.
3. **Obsession** – Bíonn an duine dírithe ar smaointe dorcha nó ar iompar éigeantach.
4. **Seilbh** – I gcásanna neamhchoitianta ach fíor, glacann deamhain cónaí i duine agus sáraíonn siad toil, guth nó corp duine.

Is minic a bhíonn céim an léirithe ceangailte le doimhneacht an chomhréitigh spioradálta.

Cás-Staidéir Dhomhanda ar Léiriú

- **An Afraic:** Cásanna fear céile/bean chéile spioradálta, mire, daoirse deasghnátha.
- **An Eoraip:** Hipnóis nua-aoiseach, teilgean astral, agus ilroinnt intinne.

- **An Áise:** Naisc anamacha sinsearacha, gaistí athchomhdhála, agus móideanna fola.
- **Meiriceá Theas:** Seamaineachas, treoraithe spioradálta, andúil léitheoireachta síceach.
- **Meiriceá Thuaidh:** Draíocht sna meáin, horoscóip "neamhdhíobhálach", geataí substaintí.
- **An Meánoirthear:** Teagmhálacha le Djinn, mionnaí fola, agus bréige fáidhiúla.

Cuireann gach mór-roinn a córas deamhanach céanna i láthair – agus ní mór do chreidmhigh foghlaim conas na comharthaí a aithint.

Comharthaí Coitianta Gníomhaíochta Deamhan

- Tromluí nó pairilis codlata athfhillteach
- Guthanna nó crá meabhrach
- Peaca éigeantach agus cúlchéimniú arís agus arís eile
- Tinnis gan mhíniú, eagla nó buile
- Neart nó eolas osnádúrtha
- Droch-ghiúmar tobann i leith rudaí spioradálta

Léargas Príomhúil

Is féidir go mbíonn saincheisteanna spioradálta uaireanta i gceist leis na rudaí a dtugaimid "meabhracha", "mothúchánacha" nó "leighis". Ní i gcónaí — ach is minic go leor go mbíonn an tuiscint ríthábhachtach.

Dialann Machnaimh

- An bhfuil mé tar éis tabhairt faoi deara streachailtí athchleachtacha a bhfuil cuma spioradálta orthu?
- An bhfuil patrúin scriosta ó ghlúin go glúin i mo theaghlach?
- Cén cineál meán, ceoil nó caidrimh atá á ligean isteach agam i mo shaol?

Paidir an Tréigthe

A Thiarna Íosa, diúltaím do gach comhaontú ceilte, doras oscailte, agus conradh neamhdhiaga i mo shaol. Brisim naisc le haon rud nach leatsa é - go feasach nó gan fhios. Tugaim cuireadh do thine an Spioraid Naoimh gach rian dorchadais i mo shaol a dhó. Saor mé go hiomlán. I d'ainm cumhachtach. Áiméan.

CAIBIDIL 5: CUMHACHT AN FHOCLA – ÚDARÁS NA gCREIDEANN

"*Féach, tugaim cumhacht daoibh chun siúl ar nathracha agus ar scairpeanna, agus ar neart an namhad go léir: agus ní dhéanfaidh aon ní dochar daoibh ar chor ar bith.*" — Lúcás 10:19 (KJV)

Maireann go leor creidmheach faoi eagla an dorchadais mar ní thuigfidh siad an solas a iompraíonn siad. Ach nochtann an Scrioptúr **nach claíomh amháin atá i mBriathar Dé (Eifeasaigh 6:17)** - is tine é (Irimia 23:29), casúr, síol, agus an bheatha féin. Sa chath idir solas agus dorchadas, ní bhíonn siad siúd a bhfuil aithne acu ar an mBriathar agus a dhearbhaíonn é ina n-íospartaigh choíche.

Cad é an Chumhacht seo?

údarás tarmligthe an chumhacht a iompraíonn creidmhigh . Cosúil le hoifigeach póilíní le suaitheantas, ní sheasann muid ar ár neart féin, ach in **ainm Íosa** agus trí Bhriathar Dé. Nuair a bhuaigh Íosa ar Shátan san fhásach, níor scairt, níor chaoin sé ná níor scaoll sé - dúirt sé go simplí: *"Tá sé scríofa."*

Seo é an patrún do gach cogadh spioradálta.

Cén Fáth a bhFanann Go Leor Críostaithe Buailte

1. **Aineolas** – Níl a fhios acu cad a deir an Briathar faoina bhféiniúlacht.
2. **Ciúnas** – Ní dhearbhaíonn siad Briathar Dé thar chásanna.
3. **Neamhréireacht** – Maireann siad i dtimthriallta peaca, rud a chreimeann muinín agus rochtain.

Ní bhaineann bua le béicíl níos airde; baineann sé le **creideamh níos doimhne** agus **dearbhú go dána** .

Údarás i mbun Gnímh – Scéalta Domhanda

- **An Nigéir:** Saoradh buachaill óg a bhí gafa i seicteachas nuair a bhí a

mháthair ag ungadh a sheomra i gcónaí agus ag labhairt Salm 91 gach oíche.
- **Stáit Aontaithe Mheiriceá:** Thréig iar-Wiccach an draíocht tar éis do chomhghleacaí scrioptúir a fhógairt go ciúin os a spás oibre gach lá ar feadh míonna.
- **An India:** D'fhógair creidmheach Íseáia 54:17 agus é ag tabhairt aghaidh ar ionsaithe leanúnacha draíochta dubha — stop na hionsaithe, agus d'admhaigh an t-ionsaitheoir.
- **An Bhrasaíl:** D'úsáid bean dearbhuithe laethúla Rómhánaigh 8 thar a smaointe féinmharaithe agus thosaigh sí ag siúl i síocháin osnádúrtha.

Tá an Briathar beo. Ní theastaíonn ár bhfoirfeacht uaidh, ach ár gcreideamh agus ár n-admháil.

Conas an Briathar a Úsáid i gCogadh

1. **Cuir de ghlanmheabhair na Scrioptúir** a bhaineann le féiniúlacht, bua agus cosaint.
2. **Abair an Briathar os ard**, go háirithe le linn ionsaithe spioradálta.
3. **Bain úsáid as i paidir**, ag dearbhú gealltanais Dé thar chásanna.
4. **Troscadh + Guí** leis an mBriathar mar ancaire (Maitiú 17:21).

Scrioptúir Bhunúsacha le haghaidh Cogaíochta

- *2 Corantaigh 10:3–5* – Ag leagan daingneán
- *Íseáia 54:17* – Ní éireoidh le haon arm a chumtar
- *Lúcás 10:19* – Cumhacht thar an namhaid
- *Salm 91* – Cosaint Dhiaga
- *Apacailipsis 12:11* – Sáraithe ag an fhuil agus ag an bhfianaise

Léargas Príomhúil
Tá Briathar Dé i do bhéal chomh cumhachtach leis an mBriathar i mbéal Dé — nuair a labhraítear é i gcreideamh.

Dialann Machnaimh

- An bhfuil a fhios agam mo chearta spioradálta mar chreidmheach?
- Cé na scrioptúir a bhfuilim ag seasamh go gníomhach orthu inniu?
- An bhfuil mé tar éis ligean d'eagla nó d'aineolas mo údarás a chur ina thost?

Paidir Chumhachtaithe

A Athair, oscail mo shúile don údarás atá agam i gCríost. Múin dom do Bhriathar a láimhseáil le misneach agus le creideamh. I gcás inar lig mé d'eagla nó d'aineolas réimeas a ghlacadh, lig don nochtadh teacht. Seasaim inniu mar leanbh Dé, armtha le Claíomh an Spioraid. Labhróidh mé an Briathar. Seasfaidh mé i mbua. Ní bheidh eagla orm roimh an namhaid - óir is mó an té atá ionam. In ainm Íosa. Áiméan.

LÁ 1: LÍNTE FOLAÍOCHTA & GEATAÍ — AG BRISEADH SLABHRAIDHÍ TEAGHLAIGH

"*Pheacaigh ár n-aithreacha agus níl siad ann níos mó, agus iomparaimid a bpionós.*" — Caoineadh 5:7

B'fhéidir go bhfuil tú sábháilte, ach tá stair fós ag do shliocht fola - agus go dtí go mbrisfear na sean-chomhaontuithe, leanann siad ag labhairt.

Ar fud gach mór-roinne, tá altóirí ceilte, comhaontuithe sinsearacha, móideanna rúnda, agus cionta oidhreachta a fhanann gníomhach go dtí go ndéantar aghaidh orthu go sonrach. An rud a thosaigh le seantuismitheoirí móra, d'fhéadfadh sé go bhfuil cinniúint leanaí an lae inniu fós á éileamh aige.

Léirithe Domhanda

- **An Afraic** – Déithe teaghlaigh, orácail, draíocht ó ghlúin go glúin, íobairtí fola.
- **An Áise** – Adhradh sinsear, naisc athchomhdhála, slabhraí karma.
- **Meiriceá Laidineach** – Santeria, altóirí báis, mionnaí fola seamanacha.
- **An Eoraip** – Saormhaisiúnacht, fréamhacha págánacha, comhaontuithe fola.
- **Meiriceá Thuaidh** – Oidhreachtaí na hAoise Nua, líneáil Mháisónach, rudaí occult.

Leanann an mallacht ar aghaidh go dtí go n-éiríonn duine éigin le rá, "Ní bheidh a thuilleadh!"

Fianaise Níos Doimhne – Cneasú ó na Fréamhacha

Greater Exploits 14 a léamh, thuig bean as Iarthar na hAfraice go raibh baint ag a breith anabaí ainsealacha agus a céasadh gan mhíniú le post a seanathar mar shagart scrín. Bhí sí tar éis glacadh le Críost blianta ó shin ach níor phléigh sí riamh le comhaontuithe an teaghlaigh.

Tar éis trí lá paidreoireachta agus troscadh, tugadh treoir di oidhreachtaí áirithe a scriosadh agus conarthaí a thréigean ag baint úsáide as Galataigh 3:13. An mhí sin féin, ghabh sí leanbh agus rugadh í go dtí go raibh sí torrach. Sa lá atá inniu ann, tá sí i gceannas ar dhaoine eile i réimse na cneasaithe agus na saoirse.

Fear eile i Meiriceá Laidineach, ón leabhar *Delivered from the Power of Darkness* , fuair sé saoirse tar éis dó mallacht na Saoirseachta a thréigean a tugadh anuas go rúnda óna sheanathair mór. De réir mar a thosaigh sé ag cur scrioptúir cosúil le Íseáia 49:24–26 i bhfeidhm agus ag gabháil do phaidreacha saoirse, stop a phian mheabhrach agus athbhunaíodh síocháin ina theach.

Ní comhtharlúintí iad na scéalta seo — is fianaise iad ar an bhfírinne i mbun gnímh.

Plean Gníomhaíochta – Fardal Teaghlaigh

1. Scríobh síos gach creideamh, cleachtas agus cleamhnas teaghlaigh atá ar eolas agat — cumainn reiligiúnacha, mistéireacha nó rúnda.
2. Iarr ar Dhia nochtadh altóirí agus comhaontuithe ceilte.
3. Scrios agus caith amach go paidriúil aon réad a bhaineann le adhradh íol nó cleachtais occult.
4. Troscadh mar is gá agus bain úsáid as na scrioptúir thíos chun dul i ngleic leis an dlí:
   - *Léivític 26:40–42*
   - *Íseáia 49:24–26*
   - *Galataigh 3:13*

PLÉ GRÚPA & FEIDHMCHLÁR

- Cad iad na cleachtais choitianta teaghlaigh a dhéantar neamhaird orthu go minic mar chleachtais neamhdhíobhálacha ach a d'fhéadfadh a bheith contúirteach go spioradálta?
- Iarr ar bhaill aon aislingí, rudaí nó timthriallta athfhillteacha ina líne

fola a roinnt go hanaithnid (más gá).
- Paidir ghrúpa tréigthe — is féidir le gach duine ainm an teaghlaigh nó na ceiste atá á tréigint a lua.

Uirlisí Aireachta: Tabhair ola ungadh leat. Tairg comaoineach. Treoraigh an grúpa i paidir chonartha athsholáthair — ag tiomnú gach líne teaghlaigh do Chríost.

Léargas Príomhúil
Sábhálann athbhreith do spiorad. Coinníonn briseadh comhaontuithe teaghlaigh do chinniúint.

Dialann Machnaimh

- Cad a ritheann i mo theaghlach? Cad is gá a stopadh liomsa?
- An bhfuil míreanna, ainmneacha nó traidisiúin i mo theach ar gá iad a scriosadh?
- Cad iad na doirse a d'oscail mo shinsear a chaithfidh mé a dhúnadh anois?

Paidir Scaoilte

A Thiarna Íosa, gabhaim buíochas leat as do chuid fola a labhraíonn rudaí níos fearr. Inniu, diúltaím do gach altóir i bhfolach, conradh teaghlaigh, agus daoirse oidhreachta. Brisim slabhraí mo shliocht fola agus dearbhaím gur cruthú nua mé. Is leatsa amháin anois mo shaol, mo theaghlach, agus mo chinniúint. In ainm Íosa. Áiméan.

LÁ 2: IONRAÍ BRIONGLÓIDÍ — NUAIR A BHÍONN AN OÍCHE INA CATHRÁN

"*Nuair a bhí na daoine ina gcodladh, tháinig a namhaid agus chuir sé coill i measc na cruithneachta, agus d'imigh sé leis.*" — Maitiú 13:25

I gcás go leor daoine, ní tharlaíonn an cogaíocht spioradálta is mó agus iad ina ndúiseacht — tarlaíonn sé agus iad ina gcodladh.

Ní gníomhaíocht inchinne randamach amháin atá i mbrionglóidí. Is tairseacha spioradálta iad trína ndéantar rabhaidh, ionsaithe, comhaontuithe agus cinniúint a mhalartú. Úsáideann an namhaid codladh mar réimse catha ciúin chun eagla, dúil, mearbhall agus moill a chur - gan friotaíocht mar nach bhfuil formhór na ndaoine ar an eolas faoin gcogaíocht.

Léirithe Domhanda

- **An Afraic** – Céilí spioradálta, nathracha, ag ithe i mbrionglóidí, mascáidí.
- **An Áise** – Teagmhálacha sinsear, brionglóidí báis, céasadh carmach.
- **Meiriceá Laidineach** – Deamhain ainmhíocha, scáthanna, pairilis codlata.
- **Meiriceá Thuaidh** – Teilgean astral, brionglóidí eachtrannach, athsheinm tráma.
- **An Eoraip** – léirithe Gotacha, deamhain ghnéis (incubus/succubus), scoilteanna anama.

Más féidir le Sátan do bhrionglóidí a rialú, is féidir leis tionchar a imirt ar do chinniúint.

Fianaise – Ó Sceimhle Oíche go Síocháin

Sheol bean óg ón Ríocht Aontaithe ríomhphost chuici tar éis di *Ex-Satanist: The James Exchange a léamh* . D'inis sí faoi na brionglóidí a bhí uirthi le blianta anuas faoi bheith á ruaigeadh, faoi bheith á greim ag madraí, nó faoi bheith i gcodladh le fir aisteacha – agus teipeanna ina dhiaidh sin i gcónaí sa saol fíor. Theip ar a caidrimh, imigh deiseanna fostaíochta as feidhm, agus bhí sí traochta i gcónaí.

Trí throscadh agus trí staidéar a dhéanamh ar scrioptúir ar nós Iób 33:14–18, fuair sí amach go minic go labhraíonn Dia trí bhrionglóidí - ach déanann an namhaid amhlaidh freisin. Thosaigh sí ag ungadh a cinn le hola, ag diúltú d'aislingí olca os ard nuair a dhúisigh sí, agus ag coinneáil dialann aislingí. De réir a chéile, tháinig a brionglóidí chun bheith níos soiléire agus níos síochánta. Sa lá atá inniu ann, tá sí i gceannas ar ghrúpa tacaíochta do mhná óga atá ag fulaingt ó ionsaithe aislingí.

Tar éis dó éisteacht le fianaise ar YouTube, thuig fear gnó ón Nigéir go raibh baint ag a bhrionglóid faoi bhia a fháil gach oíche le draíocht. Gach uair a ghlac sé leis an mbia ina bhrionglóid, chuaigh rudaí amú ina ghnó. D'fhoghlaim sé an bia a dhiúltú láithreach sa bhrionglóid, guí i dteangacha roimh dul a chodladh, agus anois feiceann sé straitéisí agus rabhaidh dhiaga ina ionad.

Plean Gníomhaíochta – Neartaigh Do Fhaire Oíche

1. **Roimh Leaba:** Léigh na scrioptúir os ard. Déan adhradh. Ung do cheann le hola.
2. **Dialann Bhrionglóidí:** Scríobh síos gach aisling nuair a dhúisíonn tú - maith nó olc. Iarr léirmhíniú ar an Spiorad Naomh.
3. **Diúltaigh & Séan:** Má bhaineann an aisling le gníomhaíocht ghnéasach, gaolta marbha, ithe, nó daoirse — séan é láithreach i paidir.
4. **Cogadh na Scrioptúr:**
    - *Salm 4:8* — Codladh síochánta
    - *Iób 33:14–18* — Labhraíonn Dia trí bhrionglóidí
    - *Maitiú 13:25* — Namhaid ag cur taras
    - *Íseáia 54:17* — Níor cruthaíodh arm i do choinne

Iarratas Grúpa

- Roinn aislingí le déanaí gan ainm. Lig don ghrúpa patrúin agus bríonna a aithint.

- Múin do bhaill conas brionglóidí olca a dhiúltú ó bhéal agus brionglóidí maithe a shéalú trí urnaí.
- Dearbhú an ghrúpa: "Toirmiscann muid idirbhearta deamhanacha inár mbrionglóidí, in ainm Íosa!"

Uirlisí na hAireachta:

- Tabhair páipéar agus pinn leat le haghaidh dialann aislingí.
- Taispeáin conas teach agus leaba duine a ungadh.
- Tairg an chomaoineach mar shéala conartha don oíche.

Léargas Príomhúil
Is geataí chuig teagmhálacha diaga nó gaistí deamhanacha iad brionglóidí. Is í an tuiscint an eochair.

Dialann Machnaimh

- Cén cineál aislingí a bhí agam go seasta?
- An nglacaim am le machnamh a dhéanamh ar mo bhrionglóidí?
- An bhfuil mo bhrionglóidí ag tabhairt rabhaidh dom faoi rud éigin a ndearna mé neamhaird air?

Paidir Faire na hOíche
A Athair, tiomnaím mo bhrionglóidí duit. Ná lig d'aon chumhacht olc dul isteach i mo chodladh. Diúltaím do gach conradh deamhanach, truailliú gnéasach, nó ionramháil i mo bhrionglóidí. Faighim cuairt dhiaga, treoir neamhaí, agus cosaint aingeal agus mé i mo chodladh. Go mbeadh mo oícheanta lán de shíocháin, de nochtadh, agus de chumhacht. In ainm Íosa, amen.

LÁ 3: CÉILÍ SPIORADÁLA — AONTAIS NEAMHNAOMHA A CHEANGLANN CINNIDÍNÍ

"**Ó**ir is é do Chruthaitheoir do fhear céile—an Tiarna Uilechumhachtach is ainm dó..." — Íseáia 54:5
"Rinne siad íobairt dá mic agus dá n-iníonacha do dheamhain." — Salm 106:37

Cé go mbíonn go leor ag iarraidh briseadh tríd an bpósadh, ní thuigtear dóibh go bhfuil siad i **bpósadh spioradálta cheana féin** - ceann nár thoiligh siad leis riamh.

Is iad seo **comhghuaillíochtaí a cruthaíodh trí bhrionglóidí, mí-úsáid, deasghnátha fola, pornagrafaíocht, mionnaí sinsearacha, nó aistriú deamhanach**. Glacann an céile spioradálta — incubus (fireann) nó succubus (baineann) — ceart dlíthiúil ar chorp, dlúthchaidreamh agus todhchaí an duine, rud a chuireann bac ar chaidrimh go minic, a scriosann tithe, a chruthaíonn breith anabaí, agus a chuireann breosla le andúilí.

Léirithe Domhanda

- **An Afraic** – Biotáillí mara (Mami Wata), mná céile/céilí spioradálta ó ríocht uisce.
- **An Áise** - Póstaí neamhaí, mallachtaí anamcharma, céilí ath-inchollaithe.
- **An Eoraip** – Ceardchumainn draíochta, leannáin dheamhanacha ó fhréamhacha Saormháisiúineachta nó Druíde.
- **Meiriceá Laidineach** – Póstaí Santeria, geasa grá, "póstaí spioradálta" bunaithe ar chomhaontuithe.
- **Meiriceá Thuaidh** - Tairseacha spioradálta de bharr pornagrafaíochta, biotáillí gnéis nua-aoiseacha, fuadaigh

eachtrannach mar léirithe ar theagmhálacha incubus.

Fíorscéalta — An Cath ar son Saoirse Pósta
Tolu, an Nigéir
Bhí Tolu 32 bliain d'aois agus singil. Gach uair a gheall sí gealladh pósta, d'imigh an fear go tobann. Bhí sí i gcónaí ag brionglóid faoi phósadh i searmanais mhóra. I *Greater Exploits 14*, d'aithin sí go raibh a cás ag teacht le fianaise a roinneadh ansin. Rinne sí troscadh trí lá agus paidreacha cogaidh oíche ag meán oíche, ag gearradh naisc anama agus ag caitheamh amach an spiorad mara a d'éiligh í. Sa lá atá inniu ann, tá sí pósta agus ag tabhairt comhairle do dhaoine eile.

Lina, Na hOileáin Fhilipíneacha
Is minic a mhothaigh Lina "láithreacht" ina luí léi san oíche. Cheap sí go raibh sí ag samhlú rudaí go dtí gur thosaigh bruitíní ag teacht ar a cosa agus a pluide gan aon mhíniú. D'aithin a sagart céile spioradálta. D'admhaigh sí ginmhilleadh agus andúil pornagrafaíochta san am atá thart, agus ansin fuair sí saoradh. Cuidíonn sí anois le mná óga patrúin chomhchosúla a aithint ina pobal.

Plean Gníomhaíochta – Briseadh an Chomhaontaithe

1. **Admhaigh** agus déan aithrí as peacaí gnéis, naisc anama, nochtadh occult, nó deasghnátha sinsear.
2. **Diúltaigh** do gach pósadh spioradálta i paidir — de réir ainm, má nochtar é.
3. **Déan troscadh** ar feadh 3 lá (nó mar a threoraítear) le Íseáia 54 agus Salm 18 mar scrioptúir ancaire.
4. **Scrios** comharthaí fisiciúla: fáinní, éadaí, nó bronntanais a bhaineann le leannáin san am atá thart nó le cleamhnaithe occult.
5. **Dearbhaigh os ard** :

Níl mé pósta le haon spiorad. Táim conradh le hÍosa Críost. Diúltaím do gach aontas deamhanach i mo chorp, i mo anam agus i mo spiorad!

Uirlisí Scrioptúr

- Íseáia 54:4–8 – Dia mar do Fhear Céile fíor

- Salm 18 – Ag briseadh cordaí an bháis
- 1 Corantaigh 6:15–20 – Is leis an Tiarna bhur gcorp
- Hóisé 2:6–8 – Briseadh comhaontuithe neamhdhiaga

Iarratas Grúpa

- Fiafraigh de bhaill an ghrúpa: An raibh brionglóidí agat riamh faoi bhainis, gnéas le strainséirí, nó figiúirí scáthacha san oíche?
- Treoraigh grúpa tréigean céilí spioradálta.
- Déan rólghlacadh ar "chúirt cholscartha ar neamh" — comhdaíonn gach rannpháirtí colscaradh spioradálta os comhair Dé i paidir.
- Bain úsáid as ola ungadh ar an ceann, ar an bolg agus ar na cosa mar shiombailí glantacháin, atáirgthe agus gluaiseachta.

Léargas Príomhúil

Is fíor póstaí deamhanacha. Ach níl aon aontas spioradálta nach féidir a bhriseadh le fuil Íosa.

Dialann Machnaimh

- An raibh brionglóidí pósta nó gnéis agam arís agus arís eile?
- An bhfuil patrúin diúltaithe, moille, nó breith anabaí i mo shaol?
- An bhfuil mé sásta mo chorp, mo ghnéasacht agus mo thodhchaí a thabhairt suas go hiomlán do Dhia?

Paidir na Saoirse

A Athair Neamhaí, táim ag déanamh aithrí as gach peaca gnéis, bíodh sé ar eolas nó nach bhfuil ar eolas agam. Diúltaím agus tréigim gach céile spioradálta, spiorad mara, nó pósadh occult a éilíonn mo shaol. Trí chumhacht fola Íosa, brisim gach conradh, síol aislingeach, agus nasc anama. Dearbhaím gurb mise Brídeog Chríost, curtha ar leithligh dá ghlóir. Siúlaim saor, in ainm Íosa. Áiméan.

LÁ 4: RÉADÁIN MALLACHTA – DOIRSE A THRÁILLÍONN

"*Ná tabhair aon rud gráine isteach i do theach, ar eagla go gcuirfí mallacht ort mar a bheadh sé.*" — Deotranaimí 7:26

Iontráil i bhFolach a ndéanann go leor neamhaird uirthi

Ní seilbh amháin atá i ngach seilbh. Bíonn stair ag roinnt rudaí. Bíonn spioraid ag cinn eile. Ní híol nó déantáin amháin iad rudaí mallaithe - is féidir leo a bheith ina leabhair, ina seodra, ina ndealbha, ina siombailí, ina mbronntanais, ina n-éadaí, nó fiú ina seodra oidhreachta a bhí tiomnaithe tráth do fhórsaí dorcha. An rud atá ar do sheilf, ar do chaol na láimhe, ar do bhalla - d'fhéadfadh sé a bheith ina phointe iontrála do phian i do shaol.

Breathnóireachtaí Domhanda

- **An Afraic** : Calabashes, seodra, agus bráisléid ceangailte le dochtúirí draíochta nó adhradh sinsear.
- **An Áise** : Amuléití, dealbha stoidiaca, agus cuimhneacháin teampaill.
- **Meiriceá Laidineach** : Muince Santería, bábóga, coinnle le hinscríbhinní biotáille.
- **Meiriceá Thuaidh** : Cártaí tarot, cláir Ouija, gabhálaithe aislingí, cuimhneacháin uafáis.
- **An Eoraip** : Iarsmaí págánacha, leabhair occult, gabhálais le téama cailleach.

Bhí tinneas tobann agus brú spioradálta ar lánúin san Eoraip tar éis dóibh filleadh ó laethanta saoire i mBali. Gan a fhios acu, cheannaigh siad dealbh snoite a bhí tiomnaithe do dhia mara áitiúil. Tar éis paidir agus machnaimh, bhain siad an rud agus dhóigh siad é. D'fhill síocháin láithreach.

bean eile ó fhianaise na *Greater Exploits* tromluí gan mhíniú, go dtí gur nochtadh gur gléas monatóireachta spioradálta a coisricíodh i scrín a bhí i muince bronntanais óna haintín i ndáiríre.

Ní hamháin go nglanann tú do theach go fisiciúil — caithfidh tú é a ghlanadh go spioradálta freisin.

Fianaise: "An Bábóg a D'fhéach Orm"

Fuair Lourdes Valdivia, a raibh a scéal á phlé againn níos luaithe ó Mheiriceá Theas, bábóg poircealláin uair amháin le linn ceiliúradh teaghlaigh. Bhí sí coisricthe ag a máthair i ndeasghnáth occult. Ón oíche a tugadh isteach ina seomra í, thosaigh Lourdes ag cloisteáil guthanna, ag fulaingt pairilis codlata, agus ag feiceáil figiúirí san oíche.

Níorbh é go dtí gur ghuigh cara Críostaí léi agus gur nocht an Spiorad Naomh bunús na bábóige gur éirigh léi fáil réidh léi. D'imigh an láithreacht dheamhanach láithreach. Chuir sé seo tús lena múscailt – ó leatrom go saoirse.

Plean Gníomhaíochta – Iniúchadh Tí & Croí

1. **Siúil trí gach seomra** i do theach le hola ungtha agus leis an mBriathar.
2. **Iarr ar an Spiorad Naomh** aird a tharraingt ar rudaí nó ar bhronntanais nach ó Dhia iad.
3. **Dóigh nó caith amach** earraí a bhfuil baint acu leis an occultism, leis an íoladhradh nó leis an neamhmhoráltacht.
4. **Dún gach doras** le scrioptúir mar seo:
   - *Deotranaimí 7:26*
   - *Gníomhartha 19:19*
   - *2 Corantaigh 6:16–18*

Plé Grúpa & Gníomhachtú

- Roinn aon earraí nó bronntanais a bhí agat tráth a raibh éifeachtaí neamhghnácha acu ar do shaol.
- Cruthaigh "Liosta Seiceála Glanadh Tí" le chéile.
- Sannadh comhpháirtithe chun guí trí thimpeallachtaí baile a chéile (le cead).
- Tabhair cuireadh d'aire saortha áitiúil paidir fháidhiúil glantacháin tí

a threorú.

Uirlisí don Aireacht: Ola ungtha, ceol adhartha, málaí bruscair (le haghaidh fíor-dhíbirt), agus coimeádán atá sábháilte ó dhóiteán le haghaidh earraí atá le scriosadh.

Léargas Príomhúil

Is féidir leis an rud a cheadaíonn tú i do spás údarú a thabhairt do spioraid i do shaol.

Dialann Machnaimh

- Cad iad na míreanna i mo theach nó i mo wardrobe a bhfuil bunús spioradálta doiléir acu?
- An bhfuil rud éigin coinnithe agam mar gheall ar luach mothúchánach a chaithfidh mé ligean uaim anois?
- An bhfuil mé réidh chun mo spás a naomhú don Spiorad Naomh?

Paidir Glantacháin

A Thiarna Íosa, tugaim cuireadh do do Spiorad Naomh aon rud i mo theach nach uaitse é a nochtadh. Tréigim gach rud, bronntanas nó mír mallaithe a bhí ceangailte leis an dorchadas. Dearbhaím gur talamh naofa mo theach. Lig do shíocháin agus d'ionacht cónaí anseo. In ainm Íosa. Áiméan.

LÁ 5: FAOI GHEASTA AGUS MEALLTA — AG BRISEADH SAOR Ó SPIORAD NA FÁISTEACHTA

"Is seirbhísigh Dé is Airde na fir seo , a fhógraíonn dúinn bealach na slánaithe." — *Gníomhartha 16:17 (NKJV)*

"Ach bhí Pól, agus é an-chráite, agus chas sé leis an spiorad, 'Ordaím duit in ainm Íosa Críost teacht amach aisti.' Agus tháinig sé amach an uair sin féin." — *Gníomhartha 16:18*

Tá líne thanaí idir tairngreacht agus fáistineacht - agus tá go leor inniu ag trasnú na líne sin gan fiú a fhios acu.

Ó fáithe YouTube ag gearradh táillí ar "fhocail phearsanta", go léitheoirí tarot na meán sóisialta ag lua scrioptúir, tá an domhan ina mhargadh torainn spioradálta. Agus ar an drochuair, tá go leor creidmheach ag ól ó shrutháin thruaillithe gan a fhios dóibh.

spiorad **na fáistineachta** aithris ar an Spiorad Naomh. Déanann sé smúdáil, meallann sé, ionramháilíonn sé mothúcháin, agus cuireann sé a íospartaigh i ngréasán rialaithe. An sprioc atá aige? **Daoine a cheangal, a mhealladh agus a sclábhú go spioradálta.**

Léirithe Domhanda na Fáistine

- **An Afraic** — Oracles, sagairt Ifá , meáin spiorad uisce, calaois fáidhiúil.
- **An Áise** — Léitheoirí pailme, réalteolaithe, feiceoirí sinsearacha, "fáithe" athchomhdhála.
- **Meiriceá Laidineach** — fáithe Santeria, lucht déanta geasa, naoimh le cumhachtaí dorcha.
- **An Eoraip** — Cártaí tarot, clairvoyance, ciorcail mheánacha, cainéalú na hAoise Nua.

- **Meiriceá Thuaidh** – síceolaithe "Críostaí", uimhreolaíocht in eaglaisí, cártaí aingeal, treoraithe spioradálta faoi cheilt mar Spiorad Naomh.

Ní hé an rud a deir siad amháin atá contúirteach - ach an **spiorad** atá taobh thiar de.

Fianaise: Ó Chlárfhaireach go Críost

Thug bean Mheiriceánach fianaise ar YouTube faoin gcaoi ar athraigh sí ó bheith ina "banfháidh Chríostaí" go dtí gur thuig sí go raibh sí ag feidhmiú faoi spiorad fáistineachta. Thosaigh sí ag feiceáil físeanna go soiléir, ag tabhairt focail fháidhiúla mionsonraithe, agus ag mealladh sluaite móra ar líne. Ach bhí sí ag streachailt le dúlagar, tromluí, agus ag cloisteáil guthanna cogarnacha i ndiaidh gach seisiúin.

Lá amháin, agus í ag breathnú ar theagasc ar *Achtanna 16*, thit na scálaí di. Thuig sí nár ghéill sí don Spiorad Naomh riamh - ach dá bronntanas féin amháin. Tar éis aithrí dhomhain agus saoirse, scrios sí a cártaí aingeal agus a dialann troscadh lán de dheasghnátha. Sa lá atá inniu ann, seanmóiríonn sí Íosa, ní "focail" a thuilleadh.

Plean Gníomhaíochta – Ag Tástáil na Spiorad

1. Fiafraigh: An dtarraingíonn an focal/bronntanas seo mé chuig **Críost**, nó chuig an **duine** a thugann é?
2. Déan tástáil ar gach spiorad le *1 Eoin 4:1–3*.
3. Déan aithrí as aon bhaint a bheith agat le cleachtais fháidhiúla síceacha, occult nó góchumtha.
4. Bris gach nasc anama le fáithe bréagacha, le fáistine, nó le teagascóirí draíochta (fiú ar líne).
5. Dearbhaigh le misneach:

"Diúltaím do gach spiorad bréagach. Is le hÍosa amháin mé. Tá mo chluasa tiúnta lena ghlór!"

Iarratas Grúpa

- Pléigh: An lean tú fáidh nó treoraí spioradálta riamh a tháinig chun bheith bréagach ina dhiaidh sin?

- Cleachtadh Grúpa: Treoraigh baill chun cleachtais shonracha cosúil le réalteolaíocht, léamha anama, cluichí síceacha, nó tionchair spioradálta nach bhfuil fréamhaithe i gCríost a thréigean.
- Tabhair cuireadh don Spiorad Naomh: Lig 10 nóiméad duit le haghaidh tost agus éisteachta. Ansin roinn a bhfuil nochtaithe ag Dia - más ann dó.
- Dóigh nó scrios míreanna digiteacha/fisiciúla a bhaineann le fáistine, lena n-áirítear leabhair, aipeanna, físeáin nó nótaí.

Uirlisí Aireachta:
Ola shaortha, cros (siombail géillte), bosca bruscair/buicéad chun míreanna siombalacha a chaitheamh amach, ceol adhartha dírithe ar an Spiorad Naomh.

Léargas Príomhúil
Ní ó Dhia a thagann gach rud osnádúrtha. Sreabhann fíor-thairngreacht ó dlúthchaidreamh le Críost, ní ó ionramháil ná ó radharc.

Dialann Machnaimh

- An raibh mé riamh meallta ag cleachtais spioradálta síceacha nó ionramhála?
- An bhfuil níos mó andúile agam i "bhfocail" ná i mBriathar Dé?
- Cad iad na guthanna ar thug mé rochtain dóibh a gcaithfear a chur ina dtost anois?

PAIDIR NA SAOIRSE

A Athair, tagaim amach as aontú le gach spiorad fáistineachta, ionramhála, agus fáistineachta bréige. Déanaim aithrí as treoir a lorg seachas do ghlór. Glan m'intinn, m'anam, agus mo spiorad. Múin dom siúl de réir do Spiorad amháin. Dúnaim gach doras a d'oscail mé don tsean-draíocht, go feasach nó gan a fhios. Dearbhaím gurb é Íosa m'Aoire, agus ní chloisim ach a ghlór. In ainm cumhachtach Íosa, Áiméan.

LÁ 6: GEATAÍ NA SÚILE – AG DÚNADH GEATAÍ AN DORCHDACHAIS

"Is í an tsúil lampa an choirp. Má bhíonn do shúile sláintiúil, beidh do chorp ar fad lán solais."
— *Maitiú 6:22 (NIV)*

"Ní chuirfidh mé aon drochrud os comhair mo shúl…" — *Salm 101:3 (KJV)*

Sa réimse spioradálta, **is geataí iad do shúile.** Bíonn tionchar ag an méid a théann isteach trí do shúile ar d'anam — ar ionacht nó ar thruailliú. Tá a fhios seo ag an namhaid. Sin é an fáth gur réimsí catha iad na meáin, íomhánna, pornagrafaíocht, scannáin uafáis, siombailí occult, treochtaí faisin, agus ábhar meallatch.

Is cogadh ar son d'anama an cogadh ar son d'aird.

Is minic gur cuireadh códaithe é an rud a mheasann go leor daoine mar "siamsaíocht neamhdhíobhálach" — chuig fonn, eagla, ionramháil, bród, vanity, éirí amach, nó fiú ceangal deamhanach.

Geataí Domhanda an Dorchadais Amhairc

- **An Afraic** – Scannáin deasghnátha, téamaí Nollywood ag normalú draíocht agus ilchineálacht.
- **An Áise** – Anime agus manga le tairseacha spioradálta, spioraid mheallatcha, taisteal astral.
- **An Eoraip** – faisean Gotach, scannáin uafáis, dúil mhór i vaimpírí, ealaín Shátánach.
- **Meiriceá Laidineach** – Telenovelas ag glóiriú draíocht, mallachtaí agus díoltais.
- **Meiriceá Thuaidh** – Na meáin phríomhshrutha, físeáin cheoil, pornagrafaíocht, cartúin dheamhanacha "gleoite".

An rud a mbíonn tú ag féachaint air i gcónaí, éiríonn tú dí-íogair dó.

Scéal: "An Cartún a Mhallaigh Mo Leanbh"

Thug máthair ó na Stáit Aontaithe faoi deara go raibh a páiste cúig bliana d'aois ag tosú ag screadaíl san oíche agus ag tarraingt íomhánna suaiteacha. Tar éis paidir, threoraigh an Spiorad Naomh í chuig cartún a raibh a mac ag breathnú air i ngan fhios dó – ceann lán de gheasa, de spioraid labhartha, agus de shiombailí nár thug sí faoi deara.

Scrios sí na cláir agus rinne sí smidiríní dá teach agus dá scáileáin. Tar éis roinnt oícheanta paidreacha meán oíche agus Salm 91, stop na hionsaithe, agus thosaigh an buachaill ag codladh go síochánta. Tá sí i gceannas ar ghrúpa tacaíochta anois a chabhraíonn le tuismitheoirí geataí amhairc a bpáistí a chosaint.

Plean Gníomhaíochta – Glanadh Gheata na Súile

1. Déan **iniúchadh meán** : Cad atá á fhéachaint agat? Ag léamh? Ag scrollú?
2. Cealaigh síntiúis nó ardáin a chothaíonn do fheoil seachas do chreideamh.
3. Ung do shúile agus do scáileáin, ag fógairt Salm 101:3.
4. Cuir ionchur diaga in ionad an bhruscair — cláir faisnéise, adhradh, siamsaíocht íon.
5. Dearbhaigh:

"Ní chuirfidh mé aon rud gránna os comhair mo shúl. Is le Dia mo fhís."

Iarratas Grúpa

- Dúshlán: Geata Súile 7 Lá go Tapa — gan meáin thocsaineacha, gan scrollú díomhaoin.
- Comhroinn: Cén ábhar a dúirt an Spiorad Naomh leat stop a chur leis?
- Cleachtadh: Cuir do lámha ar do shúile agus diúltaigh d'aon thruailliú trí fhís (m.sh., pornagrafaíocht, uafás, vanity).
- Gníomhaíocht: Tabhair cuireadh do bhaill aipeanna a scriosadh, leabhair a dhó, nó míreanna a thruaillíonn a radharc a chaitheamh amach.

Uirlisí: Ola olóige, aipeanna cuntasachta, scáileáin scrioptúr, cártaí paidir geata súl.

Léargas Príomhúil

Ní féidir leat siúl i gceannas ar dheamhain má chuireann siad siamsaíocht ort.

Dialann Machnaimh

- Cad a bheathaím do mo shúile a d'fhéadfadh a bheith ag cothú dorchadais i mo shaol?
- chaoin mé go deireanach faoi rud a bhriseann croí Dé?
- An bhfuil smacht iomlán tugtha agam don Spiorad Naomh ar mo chuid ama scáileáin?

Paidir Íonachta

A Thiarna Íosa, iarraim go nighfeadh do chuid fola mo shúile. Maith dom na rudaí a lig mé isteach trí mo scáileáin, mo leabhair agus mo shamhlaíochtaí. Inniu, dearbhaím go bhfuil mo shúile le haghaidh solais, ní dorchadais. Diúltaím do gach íomhá, dúil agus tionchar nach uaitse. Glan m'anam. Cosain mo shúile. Agus lig dom a fheiceáil cad a fheiceann Tusa - i naofacht agus i bhfírinne. Áiméan.

LÁ 7: AN CHUMHACHT TAOBH THIAR D'AINMNEACHA — AG TRÉIGINT FÉINIÚLACHTAÍ MÍ-NAOMHNA

"Agus ghlaoigh Iabez ar Dhia Iosrael ag rá, 'Ó, dá mbeannaífeá mé go fírinneach…' Agus dheonaigh Dia dó a iarradh."
— *1 Croinic 4:10*

"Ní thabharfar Abram ort feasta, ach Abrahám…" — *Geineasas 17:5*

Ní lipéid amháin iad ainmneacha — is dearbhuithe spioradálta iad. Sa scrioptúr, is minic a léiríonn ainmneacha cinniúint, pearsantacht, nó fiú daoirse. Is ionann rud a ainmniú agus céannacht agus treo a thabhairt dó. Tuigeann an namhaid é seo — sin an fáth go bhfuil go leor daoine gafa gan fhios dóibh faoi ainmneacha a thugtar in aineolas, i bpian, nó i ndaoirse spioradálta.

Díreach mar a d'athraigh Dia ainmneacha (Abram go Abrahám, Iacób go hIosrael, Sáraí go Sárá), athraíonn sé cinniúint fós trí athainmniú a dhéanamh ar a mhuintir.

Comhthéacsanna Domhanda na Daoirse Ainmneacha

- **An Afraic** – Leanaí ainmnithe i ndiaidh sinsear nó idols marbha ("Ogbanje," "Dike," " Ifunanya " ceangailte le bríonna).
- **An Áise** – Ainmneacha athchomhdhála ceangailte le timthriallta carmacha nó déithe.
- **An Eoraip** – Ainmneacha fréamhaithe i bpágánachas nó i ndraíocht (m.sh., Freya, Thor, Merlin).
- **Meiriceá Laidineach** – Ainmneacha faoi thionchar Santeria, go háirithe trí bhaistí spioradálta.
- **Meiriceá Thuaidh** – Ainmneacha a tógadh ó chultúr pop, gluaiseachtaí éirí amach, nó tiomnachtaí sinsear.

Tá tábhacht le hainmneacha — agus is féidir leo cumhacht, beannacht nó daoirse a iompar.

Scéal: "Cén fáth ar ghá dom ainm nua a thabhairt do m'iníon"

I *Greater Exploits 14*, thug lánúin ón Nigéir "Amaka" ar a n-iníon, rud a chiallaíonn "álainn", ach bhí galar neamhchoitianta uirthi a chuir mearbhall ar dhochtúirí. Le linn comhdhála fáidhiúil, fuair an mháthair nochtadh: bhí an t-ainm in úsáid ag a seanmháthair tráth, dochtúir cailleach, a raibh a spiorad ag éileamh an linbh anois.

D'athraigh siad a hainm go "Oluwatamilore" (bheannaigh Dia mé), agus ina dhiaidh sin rinne siad troscadh agus paidreacha. Tháinig biseach iomlán ar an leanbh.

Bhain cás eile ón India le fear darbh ainm "Karma," a bhí ag streachailt le mallachtaí glúine. Tar éis dó naisc Hiondúcha a thréigean agus a ainm a athrú go "Jonathan," thosaigh sé ag dul chun cinn i gcúrsaí airgeadais agus sláinte.

Plean Gníomhaíochta – Ag Fiosrú D'Ainm

1. Déan taighde ar bhrí iomlán bhur n-ainmneacha — céadainm, meánainm, sloinne.
2. Fiafraigh de thuismitheoirí nó de sheanóirí cén fáth ar tugadh na hainmneacha sin ort.
3. Tréigean bríonna nó tiomantais spioradálta diúltacha i paidir.
4. Dearbhaigh do chéannacht dhiaga i gCríost:

"Tugtar ainm Dé orm. Tá m'ainm nua scríofa ar neamh (Apacailipsis 2:17)."

RANNPHÁIRTÍOCHT GHRÚPA

- Fiafraigh de na baill: Cad is brí le d'ainm? An raibh brionglóidí agat a bhain leis?
- Déan "paidir ainmniúcháin" — ag dearbhú céannacht gach duine go fáidhiúil.
- Leag lámha orthu siúd a gcaithfidh siad briseadh ó ainmneacha atá ceangailte le comhaontuithe nó le daoirse sinsear.

Uirlisí: Cártaí brí ainmneacha a phriontáil, ola ungadh a thabhairt leat, scrioptúir d'athruithe ainmneacha a úsáid.

Léargas Príomhúil

Ní féidir leat siúl i do fhíor-chéannacht agus fós freagra a thabhairt ar cheann bréagach.

Dialann Machnaimh

- Cad is brí le m'ainm — go spioradálta agus go cultúrtha?
- An mbraitheann mé ailínithe le m'ainm nó i gcoimhlint leis?
- Cén t-ainm a thugann neamh orm?

Paidir Athainmnithe

A Athair, in ainm Íosa, gabhaim buíochas leat as céannacht nua a thabhairt dom i gCríost. Brisim gach mallacht, conradh, nó ceangal deamhanach a bhaineann le m'ainmneacha. Tréigim gach ainm nach n-oireann do do thoil. Glacaim leis an ainm agus leis an gcéannacht a thug neamh dom - lán de chumhacht, cuspóir, agus íonacht. In ainm Íosa, Áiméan.

LÁ 8: AG NOCHTADH AN TSOLAS BRÉAGACH — GAISTÍ NA NUA-AOISE AGUS MEALLTAIREACHTAÍ AINGILEACHA

"*Agus ní haon ionadh é sin! Óir déanann Sátan féin é féin a chlaochlú ina aingeal solais.*" — 2 Corantaigh 11:14

"*A ghrá geal, ná creid gach spiorad, ach déanaigí tástáil ar na spioraid féachaint an ó Dhia iad...*" — 1 Eoin 4:1

Ní Dia gach a lonraíonn.

Sa lá atá inniu ann, tá líon méadaitheach daoine ag lorg "solais," "leighis," agus "fuinnimh" lasmuigh de Bhriathar Dé. Casann siad ar machnamh, altóirí yoga, gníomhachtuithe tríú súl, toghairm sinsear, léamha tarot, deasghnátha gealaí, cainéalú aingeal, agus fiú misteachas Críostaí. Tá an mheabhlaireacht láidir mar is minic a thagann síocháin, áilleacht agus cumhacht leis - ar dtús.

Ach taobh thiar de na gluaiseachtaí seo tá spioraid fáistineachta, fáistineachta bréagach, agus déithe ársa a chaitheann masc an tsolais chun rochtain dhlíthiúil a fháil ar anamacha daoine.

Raon Domhanda an tSolais Bhréagaigh

- **Meiriceá Thuaidh** – Criostail, glanadh saoi, dlí an mhealladh, síceolaithe, cóid solais eachtrannaigh.
- **An Eoraip** – Págánachas athbhrandáilte, adhradh bandia, draíocht bhán, féilte spioradálta.
- **Meiriceá Laidineach** – Santeria measctha le naoimh Chaitliceacha, cneasaitheoirí spioradálta (curanderos).
- **An Afraic** – Bréigeanna fáidhiúla ag baint úsáide as altóirí aingeal agus uisce deasghnátha.

- **An Áise** – Chakras, "soilsiú" yoga, comhairleoireacht athchomhdhála, spioraid teampaill.

Féadfaidh na cleachtais seo "solas" sealadach a thairiscint, ach déanann siad an t-anam a dhorchadú le himeacht ama.

Fianaise: Saoradh ón Solas a Mheall

Ó *Greater Exploits 14*, bhí Mercy (RA) ag freastal ar cheardlanna aingeal agus ag cleachtadh machnaimh "Chríostaí" le túis, criostail, agus cártaí aingeal. Chreid sí go raibh sí ag rochtain solas Dé, ach go luath thosaigh sí ag cloisteáil guthanna le linn a codlata agus ag mothú eagla gan mhíniú san oíche.

Thosaigh a saoirse nuair a bhronn duine éigin *The Jameses Exchange uirthi*, agus thuig sí na cosúlachtaí idir a taithí féin agus taithí iar-Shátaineach a labhair faoi mheabhlaireacht aingeal. Rinne sí aithrí, scrios sí gach rud occult, agus ghéill sí do paidreacha saoirse iomlána.

Sa lá atá inniu ann, tugann sí fianaise go dána i gcoinne mheabhlaireacht na hAoise Nua in eaglaisí agus chabhraigh sí le daoine eile cosáin chomhchosúla a thréigean.

Plean Gníomhaíochta – Ag Tástáil na Spiorad

1. **Déan fardal de do chleachtais agus de do chreidimh** — An bhfuil siad ag teacht leis an Scrioptúr nó an mbraitheann siad spioradálta amháin?
2. **Tréig agus scrios** gach ábhar solais bhréagaigh: criostail, lámhleabhair yoga, cártaí aingeal, gabhálaithe aislingí, srl.
3. **Guigh Salm 119:105** — iarr ar Dhia a Bhriathar a dhéanamh d'aon solas amháin.
4. **Dearbhaigh cogadh ar an mearbhall** — ceangail spioraid eolacha agus nochtadh bréagach.

IARRATAS GRÚPA

- **Pléigh** : An bhfuil tú féin nó duine ar bith a bhfuil aithne agat air tarraingthe isteach i gcleachtais "spioradálta" nár dhírigh ar Íosa?

- **Rólghlacadh um Dhiscréid** : Léigh sleachta as ráitis "spioradálta" (m.sh., "Muinín a bheith agat as an gcruinne") agus cuir i gcomparáid iad leis an Scrioptúr.
- **Seisiún Ungtha & Saoirse** : Briseadh altóirí chuig solas bréagach agus conradh le *Solas an Domhain a chur ina n-áit* (Eoin 8:12).

Uirlisí na hAireachta :

- Tabhair leat míreanna iarbhír den Aois Nua (nó grianghraif díobh) le haghaidh teagaisc réada.
- Déan paidir shaortha i gcoinne spioraid a bhfuil taithí acu orthu (féach Gníomhartha 16:16–18).

Léargas Príomhúil
Ní dorchadas arm is contúirtí Shátan - is solas bréige é.
Dialann Machnaimh

- An bhfuil doirse spioradálta oscailte agam trí theagasc "solais" nach bhfuil fréamhaithe sa Scrioptúr?
- An bhfuil muinín agam as an Spiorad Naomh nó as an intuition agus as an bhfuinneamh?
- An bhfuil mé sásta gach cineál spioradáltachta bréagach a thabhairt suas ar son fhírinne Dé?

PAIDIR AN TRÉIGTHE

A Athair , déanaim aithrí as gach bealach ar chuir mé siamsaíocht ar an solas bréagach nó ar phléigh mé leis. Tréigim gach cineál den Aois Nua, draíochta, agus spioradáltachta mealltaí. Brisim gach ceangal anama le mealltóirí aingealacha, treoraithe spioradálta, agus nochtadh bréagach. Glacaim le hÍosa, fíorsholas an domhain. Dearbhaím nach leanfaidh mé aon ghlór ach do ghlór féin, in ainm Íosa. Áiméan.

LÁ 9: ALTAR NA FOLA — COMHDHÉANTA A ÉILÍONN BEATHA

"*Agus thóg siad ardáiteanna Bhál... chun a mic agus a n-iníonacha a chur tríd an tine do Mholech.*" — Irimia 32:35

"*Agus bhuaigh siad air trí fhuil an Uain agus trí bhriathar a bhfianaise...*" — Apacailipsis 12:11

Tá altóirí ann nach n-iarrann d'aird amháin - éilíonn siad do chuid fola.

Ó aimsir na sean go dtí an lá atá inniu ann, is cleachtas lárnach i ríocht an dorchadais iad comhaontuithe fola. Déantar cuid acu go feasach trí dhraíocht, ginmhilleadh, maruithe deasghnátha, nó tionscnaimh occult. Oidhreacht trí chleachtais shinsearacha nó téann siad isteach gan fhios dóibh trí aineolas spioradálta.

Pé áit a ndoirttear fuil neamhchiontach — bíodh sé i scrínte, i seomraí leapa, nó i seomraí boird — labhraíonn altóir deamhanach.

Éilíonn na haltóirí seo beatha, gearrann siad cinniúint, agus cruthaíonn siad bunús dlíthiúil le haghaidh trioblóide deamhanach.

Altóirí Domhanda na Fola

- **An Afraic** – Maruithe deasghnátha, deasghnátha airgid, íobairtí leanaí, comhaontuithe fola ag breith.
- **An Áise** – Íobairtí fola teampall, mallachtaí teaghlaigh trí ghinmhilleadh nó mionnaí cogaidh.
- **Meiriceá Laidineach** – Íobairtí ainmhithe Santeria, ofrálacha fola do spioraid na marbh.
- **Meiriceá Thuaidh** – Ideeolaíocht an ghinmhillte mar shacraimint, bráithreachais mhionn fola deamhanacha.
- **An Eoraip** – Deasghnátha ársa Druíde agus Saormháisiúin, altóirí fuilteacha ó ré an Chogaidh Dhomhanda gan aithrí fós.

Leanann na comhaontuithe seo de bheith ag éileamh beatha, mura mbristear iad, go minic i dtimthriallta.

Fíorscéal: Íobairt Athar

I *Delivered from the Power of Darkness*, fuair bean as Lár na hAfraice amach le linn seisiún fuascailte go raibh baint ag a teagmháil mhinic leis an mbás le mionn fola a thug a hathair. Bhí sé tar éis gealladh a thabhairt di sa saol mar mhalairt ar shaibhreas tar éis blianta gan a bheith neamhthorthúil.

Tar éis bhás a hathar, thosaigh sí ag feiceáil scáthanna agus ag fulaingt timpistí beagnach marfacha gach bliain ar a breithlá. Tháinig a dul chun cinn nuair a treoraíodh í chun Salm 118:17 — *"Ní bhfaighidh mé bás ach mairfidh mé..."* — a dhearbhú os a cionn féin go laethúil, agus ina dhiaidh sin sraith paidreacha tréigin agus troscadh. Sa lá atá inniu ann, tá sí i gceannas ar aireacht idirghuí chumhachtach.

cuntas eile ó *Greater Exploits 14* cur síos ar fhear i Meiriceá Laidineach a ghlac páirt i dtionscnamh dronganna a raibh baint aige le fuil a dhoirteadh. Blianta ina dhiaidh sin, fiú tar éis dó glacadh le Críost, bhí a shaol i gcruachás leanúnach - go dtí gur bhris sé an conradh fola trí throscadh fada, admháil phoiblí, agus baisteadh uisce. Stop an céasadh.

Plean Gníomhaíochta – Na haltóirí fola a thostú

1. **Déan aithrí** as aon ghinmhilleadh, comhaontuithe fola occult, nó doirteadh fola oidhreachta.
2. **Tréig** gach conradh fola aitheanta agus anaithnid os ard de réir ainm.
3. **Déan troscadh ar feadh 3 lá** agus glactar an chomaoineach go laethúil, ag dearbhú fuil Íosa mar do chlúdach dlíthiúil.
4. **Dearbhaigh os ard** :

"Le fuil Íosa, brisim gach conradh fola a rinneadh ar mo shon. Táim fuascailte!"

IARRATAS GRÚPA

- Pléigh an difríocht idir naisc fola nádúrtha agus comhghuaillíochtaí fola deamhanacha.

- Bain úsáid as ribín/snáithe dearg chun altóirí fola a léiriú, agus siosúr chun iad a ghearradh go fáidhiúil.
- Iarr fianaise ó dhuine a bhris saor ó dhaoirse atá nasctha le fuil.

Uirlisí na hAireachta :

- Eilimintí comaoineach
- Ola ungadh
- Dearbhuithe saortha
- Amharc-bhriseadh altóir le solas coinnle más féidir

Léargas Príomhúil
Déanann Sátan trádáil le fuil. D'íoc Íosa an iomarca as do shaoirse lena shaoirse féin.

Dialann Machnaimh

- An raibh mé féin nó mo theaghlach páirteach in aon rud a raibh baint aige le fuildhoirteadh nó mionnaí?
- An bhfuil básanna, breith anabaí nó patrúin fhoréigneacha athfhillteacha i mo shliocht fola?
- An bhfuil muinín iomlán agam as fuil Íosa go labhróidh sé níos airde i mo shaol?

Paidir na Saoirse
A Thiarna Íosa , gabhaim buíochas leat as do chuid fola luachmhaire a labhraíonn rudaí níos fearr ná fuil Ábil. Táim ag déanamh aithrí as aon chonradh fola a rinne mé féin nó mo shinsear, d'aon ghnó nó gan a fhios. Séanaim iad anois. Dearbhaím go bhfuilim clúdaithe ag fuil an Uain. Go gcuirfí tost agus scriosfaí gach altóir deamhanach a éilíonn mo shaol. Mairim mar fuair Tú bás ar mo shon. In ainm Íosa, Áiméan.

LÁ 10: NÍL SÉ GO BHFUIL SÉ BRISTE AGUS NÍL SÉ GO BHFUIL ...

"*Ní bheidh aon duine gan leanbh ná gan leanbh i do thír; comhlíonfaidh mé líon do laethanta.*" — Eaxodus 23:26
"*Tugann sé teaghlach don bhean gan chlann, déanann sé máthair shona di. Mol an Tiarna!*" — Salm 113:9

Is mó ná fadhb leighis í an neamhthorthúlacht. Is féidir léi a bheith ina daingne spioradálta atá fréamhaithe i gcathanna domhain mothúchánacha, sinsearacha, agus fiú críochacha.

Trasna náisiún, úsáideann an namhaid an neamhthormaíocht chun mná agus teaghlaigh a náiriú, a leithlisiú agus a scrios. Cé go bhfuil cuid de na cúiseanna fiseolaíoch, tá go leor acu spioradálta go domhain - ceangailte le haltóirí glúine, mallachtaí, céilí spioradálta, cinniúint a cuireadh ar ceal, nó créachtaí anama.

Taobh thiar de gach broinn neamhthorthúil, bíonn gealltanas ag neamh. Ach is minic a bhíonn cogadh ann a chaithfear a sheoladh roimh an nginiúint - sa bhroinn agus sa spiorad.

Patrúin Dhomhanda na hEastóscachta

- **An Afraic** – Nasctha le polagámas, mallachtaí sinsear, comhaontuithe scrínte, agus leanaí spioradálta.
- **An Áise** – Creidimh karma, móideanna ó shaolta san am atá thart, mallachtaí ó ghlúin go glúin, cultúr náire.
- **Meiriceá Laidineach** – Dúnadh broinne de bharr draíocht, geasa éada.
- **An Eoraip** – róspléachas IVF, íobairtí leanaí sa Mháisúnacht Shaor, ciontacht ginmhillte.
- **Meiriceá Thuaidh** – Tráma mothúchánach, créachtaí anama,

timthriallta breith anabaí, cógais a athraíonn hormóin.

FÍORSCÉALTA – Ó DHEORA go Fianaise
Maria ón mBolaiv (Meiriceá Laidineach)

Bhí cúig bhreith anabaí ag Maria. Gach uair, bhíodh sí ag brionglóid faoi leanbh ag gol agus ansin ag feiceáil fuil an mhaidin dár gcionn. Ní raibh na dochtúirí in ann a riocht a mhíniú. Tar éis di fianaise a léamh i *Greater Exploits* , thuig sí gur oidhreacht aici altóir teaghlaigh neamhthorthaí ó sheanmháthair a thiomnaigh gach broinn baineann do dhia áitiúil.

Thrasnaigh sí agus d'fhógair sí Salm 113 ar feadh 14 lá. Threoraigh a sagart í chun an conradh a bhriseadh trí úsáid a bhaint as an gcomaoineach. Naoi mí ina dhiaidh sin, rug sí cúpla.

Ngozi ón Nigéir (An Afraic)

Bhí Ngozi pósta ar feadh 10 mbliana gan leanbh. Le linn paidreacha saortha, nochtadh go raibh sí pósta i ríocht na spiorad le fear céile muirí. Gach timthriall ovulation, bhíodh aislingí gnéis aici. Tar éis sraith paidreacha cogaíochta meán oíche, agus gníomh fáidhiúil ina ndóitear a fáinne bainise ó thionscnamh occult san am atá thart, d'oscail a broinn.

Plean Gníomhaíochta – Oscailt na Broinne

1. **Aithin an fhréamh** – sinsear, mothúchánach, pósta nó leighis.
2. **Aithrí a dhéanamh as ginmhilleadh san am atá thart** , naisc anama, peacaí gnéis, agus tiomantas occult.
3. **Ung do bhroinn go laethúil** agus tú ag fógairt Eaxodus 23:26 agus Salm 113.
4. **Déan troscadh ar feadh 3 lá** , agus glac comaoineach gach lá, ag diúltú do gach altóir atá ceangailte le do bhroinn.
5. **Labhair os ard** :

Tá mo bhroinn beannaithe. Diúltaím do gach conradh neamhthorrachais. Gabhfaidh mé agus beirfidh mé go dtí an tréimhse iomlán le cumhacht an Spioraid Naoimh!

Iarratas Grúpa

- Tabhair cuireadh do mhná (agus do lánúineacha) ualaí na moille a roinnt in áit shábháilte, paidreacha.
- Bain úsáid as scaifeanna nó éadaí dearga ceangailte timpeall an choim — ansin scaoiltear go fáidhiúil iad mar chomhartha saoirse.
- Treoraigh searmanas "ainmniúcháin" fáidhiúil — dearbhaigh leanaí atá le breith fós trí chreideamh.
- Bris mallachtaí focal, náire chultúrtha, agus féin-ghráin i gciorcail urnaí.

Uirlisí na hAireachta:

- Ola olóige (uncail na broinn)
- Comaoineach
- Mantaill/seálta (a shiombailíonn clúdach agus úrnuacht)

Léargas Príomhúil

Ní deireadh an tsaoil é an neamhthormaíocht — is glao chun cogaidh, chun creidimh, agus chun athchóirithe é. Ní shéanadh é moill Dé.

Dialann Machnaimh

- Cad iad na créachta mothúchánacha nó spioradálta atá ceangailte le mo bhroinn?
- An bhfuil mé tar éis ligean do náire nó searbhas mo dhóchas a athsholáthar?
- An bhfuil mé sásta aghaidh a thabhairt ar na bunchúiseanna le creideamh agus le gníomh?

Paidir um Shlánú & Coincheap

A Athair , seasaim ar do Bhriathar a deir nach mbeidh aon duine gan thorthaí sa tír. Diúltaím do gach bréag, altóir, agus spiorad atá ceaptha chun mo thorthúlacht a bhac. Maithim dom féin agus do dhaoine eile a labhair olc faoi mo chorp. Faighim leigheas, athchóiriú, agus beatha. Dearbhaím go bhfuil mo bhroinn torthúil, agus mo lúcháir lán. In ainm Íosa. Áiméan.

LÁ 11: NEAOMHARD UATH-IMDHÍONACHA & TUIRSE AINSEALACH — AN COGADH DO-FHEICTHE ISTIGH

"*Ní sheasfaidh teach atá roinnte ina choinne féin.*" — Maitiú 12:25
"*Tugann sé cumhacht don dream laga, agus méadaíonn sé a neart dóibh siúd nach bhfuil neart acu.*" — Íseáia 40:29

Is galair uath-imdhíonacha iad nuair a dhéanann an corp ionsaí air féin — ag mealladh a chealla féin mar naimhde. Titeann lupus, airtríteas réamatóideach, scléaróis iolrach, Hashimoto's, agus cinn eile faoin ngrúpa seo.

Is minic a bhíonn forluí idir siondróm tuirse ainsealach (CFS), fibromyalgia, agus neamhoird ídithe neamhmhínithe eile agus streachailtí uath-imdhíonachta. Ach thar an ngnáthrud bitheolaíoch, bíonn tráma mothúchánach, créachta anama agus ualaí spioradálta ag go leor acu a fhulaingíonn.

Tá an corp ag béicíl amach — ní hamháin ar chógas, ach ar shíocháin. Tá go leor i mbun cogaidh istigh ionainn féin.

Léargas Domhanda

- **An Afraic** – Méadú ar dhiagnóisí uath-imdhíonachta a bhaineann le tráma, truailliú agus strus.
- **An Áise** – Rátaí arda neamhoird thyroid nasctha le cosc sinsear agus cultúr náire.
- **An Eoraip & Meiriceá** – Eipidéim tuirse ainsealach agus dóite amach mar gheall ar chultúr atá dírithe ar fheidhmíocht.
- **Meiriceá Laidineach** – Is minic a dhéantar diagnóis mhícheart ar dhaoine a fhulaingíonn an galar; stiogma agus ionsaithe spioradálta

trí ilroinnt anama nó mallachtaí.

Fréamhacha Spioradálta Folaithe

- **Féin-fuath nó náire** — an mothú "nach leor é".
- **Neamhmhaithiúnas i leith an duine féin nó daoine eile** — déanann an córas imdhíonachta aithris ar an riocht spioradálta.
- **Brón nó feall neamhphróiseáilte** — osclaíonn sé an doras do thuirse anama agus do chliseadh fisiceach.
- **Saigheada éada nó plá draíochta** — a úsáidtear chun neart spioradálta agus fisiciúil a dhraenáil.

Fíorscéalta – Cathanna a Troideadh sa Dorchadas
Elena ón Spáinn
Rinneadh diagnóis ar lupus in Elena tar éis caidreamh fada maslach a d'fhág í briste go mothúchánach. I dteiripe agus i paidir, nochtadh go raibh fuath inmheánaithe aici, ag creidiúint nach raibh sí fiúntach. Nuair a thosaigh sí ag maithiúnas a thabhairt di féin agus ag tabhairt aghaidh ar chréachtaí anama leis an Scrioptúr, laghdaigh a cuid lasracha go mór. Tugann sí fianaise ar chumhacht cneasaithe an Bhriathair agus ar ghlanadh anama.

Séamas ó na Stáit Aontaithe
Thit James, feidhmeannach corparáideach díograiseach, i laige ó CFS tar éis 20 bliain de strus gan stad. Le linn a shaortha, nochtadh go raibh mallacht glúinte ag streachailt gan scíth ag cur as do na fir ina theaghlach. Chuaigh sé isteach i séasúr sabóide, paidreoireachta agus admhála, agus fuair sé ní hamháin a shláinte ar ais, ach a chéannacht freisin.

Plean Gníomhaíochta – An Anam agus an Córas Imdhíonachta a Shlánú

1. **Guigh Salm 103:1–5** os ard gach maidin — go háirithe véarsaí 3-5.
2. **Liostaigh do chreidimh inmheánacha** — cad a deir tú leat féin? Bris na bréaga.
3. **Maith go domhain** — go háirithe duit féin.
4. **Glac comaoineach** chun conradh an choirp a athshocrú — féach Íseáia 53.

5. **Suaimhneas i nDia** — ní rogha í an tSabóid, is cogadh spioradálta í i gcoinne ídithe.

Dearbhaím nach namhaid dom mo chorp. Beidh gach cill ionam ailínithe le hord agus síocháin dhiaga. Faighim neart agus leigheas Dé.

Iarratas Grúpa

- Iarr ar bhaill patrúin tuirse nó ídiú mothúchánach a cheiltíonn siad a roinnt.
- Déan cleachtadh "dumpáil anama" — scríobh síos ualaí, ansin dó nó cuir iad i dtír go siombalach.
- Leag lámha ar dhaoine atá ag fulaingt ó chomharthaí uathimdhíonachta; ordaigh cothromaíocht agus síocháin.
- Spreag daoine chun dialann seacht lá a choinneáil síos maidir le spreagthóirí mothúchánacha agus Scrioptúir leighis.

Uirlisí na hAireachta:

- Olaí riachtanacha nó ungadh cumhra le haghaidh athnuachana
- Irisleabhair nó nótaí
- Fuaimrian machnaimh Salm 23

Léargas Príomhúil
Is minic a léirítear an rud a ionsaíonn an anam sa chorp. Caithfidh an leigheas sreabhadh ón taobh istigh amach.

Dialann Machnaimh

- An mbraitheann mé sábháilte i mo chorp agus i mo smaointe féin?
- An bhfuil náire nó milleán á chothú agam mar gheall ar theipeanna nó tráma san am atá thart?
- Cad is féidir liom a dhéanamh chun tosú ag onóiriú scíthe agus síochána mar chleachtais spioradálta?

Paidir Athchóirithe
A Thiarna Íosa, is tusa mo Leigheoir. Inniu diúltaím do gach bréag a deir go bhfuil mé briste, salach, nó caillte. Maithim dom féin agus do dhaoine eile.

Beannaím gach cill i mo chorp. Faighim síocháin i m'anam agus ailíniú i mo chóras imdhíonachta. Le do stríoca, táim slánaithe. Áiméan.

LÁ 12: TIOMÁN & PÉARÁN MEABHAIR — NUAIR A BHÍONN AN INTINN INA CATHAIR

"A Thiarna, déan trócaire ar mo mhac: óir tá sé ar mire agus cráite go mór: óir is minic a thiteann sé sa tine agus san uisce." — Maitiú 17:15

"Níor thug Dia dúinn spiorad eagla, ach spiorad cumhachta, grá agus slán intinne." — 2 Tiomóid 1:7

Ní hamháin go bhfuil cuid de na tinnis leighis — is catha spioradálta iad atá faoi cheilt mar bhreoiteacht.

Is minic a bhíonn fréamhacha dofheicthe ag titimeas, taomanna, scitsifréine, eipeasóidí dépholacha, agus patrúin crá san intinn. Cé go bhfuil áit ag cógas, tá an-tábhacht leis an tuiscint. I go leor cuntas bíobalta, ba thoradh ar fhoréigean deamhanach taomanna agus ionsaithe meabhracha.

Déanann an tsochaí nua-aimseartha cógas ar an rud a chaitheann Íosa *amach go minic*.

Réaltacht Dhomhanda

- **An Afraic** – Is minic a chuirtear taomanna i leith mallachtaí nó spioraid sinsear.
- **An Áise** – Is minic a bhíonn daoine a bhfuil titimeas orthu i bhfolach mar gheall ar náire agus stiogma spioradálta.
- **Meiriceá Laidineach** – Scitsifréine nasctha le draíocht ó ghlúin go glúin nó glaonna a cuireadh ar ceal.
- **An Eoraip & Meiriceá Thuaidh** – Is minic a cheiltíonn ró-dhiagnóis agus ró-chógas fréamhacha deamhanta.

Fíorscéalta – Saoradh sa Tine
Musa ó Thuaisceart na Nigéire

Bhí taomanna titime ag Musa ó bhí sé ina pháiste. Rinne a theaghlach iarracht ar gach rud — ó dhochtúirí dúchasacha go paidreacha eaglaise. Lá amháin, le linn seirbhís shaortha, nocht an Spiorad gur thairg seanathair Musa é i malartú draíochta. Tar éis dó an conradh a bhriseadh agus é a ungadh, níor bhain taom eile leis riamh.

Daniel ó Pheiriú

Tar éis diagnóis neamhord dépholach a bheith air, bhí Daniel ag streachailt le brionglóidí agus guthanna foréigneacha. Fuair sé amach níos déanaí go raibh a athair páirteach i ndeasghnátha rúnda satánacha sna sléibhte. Thug paidreacha saortha agus troscadh trí lá soiléireacht dó. Stop na guthanna. Sa lá atá inniu ann, tá Daniel socair, athchóirithe, agus ag ullmhú don mhinistreacht.

Comharthaí le Faire orthu

- Eipeasóidí athfhillteacha taomanna gan chúis néareolaíoch ar eolas.
- Guthanna, siabhránachtaí, smaointe foréigneacha nó féinmharaithe.
- Cailliúint ama nó cuimhne, eagla gan mhíniú, nó taomanna fisiciúla le linn paidreoireachta.
- Patrúin teaghlaigh mire nó féinmharaithe.

Plean Gníomhaíochta – Údarás a Ghlacadh ar an Intinn

1. Déan aithrí as gach nasc occult, tráma nó mallacht ar a bhfuil aithne agat.
2. Cuir do lámha ar do cheann gach lá, ag dearbhú go bhfuil intinn shláintiúil agat (2 Tiomóid 1:7).
3. Déan troscadh agus guí thar spioraid a cheanglaíonn an intinn.
4. Bris mionnaí, tiomantais nó mallachtaí sinsearacha.
5. Más féidir, téigh i gcomhar le comhpháirtí paidreacha láidir nó le foireann shaortha.

Diúltaím do gach spiorad céasta, urghabhála agus mearbhaill. Faighim intinn shláintiúil agus mothúcháin chobhsaí in ainm Íosa!

Aireacht & Feidhmchlár Grúpa

- Aithin patrúin teaghlaigh maidir le tinneas meabhrach nó taomanna.
- Guigh thar ceann na ndaoine atá ag fulaingt — bain úsáid as ola ungadh ar an éadan.
- Lig do na hidirghuítheoirí siúl timpeall an tseomra ag dearbhú "Síocháin, bígí socair!" (Marcas 4:39)
- Tabhair cuireadh dóibh siúd atá buailte chun comhaontuithe béil a bhriseadh: "Níl mé ar mire. Táim cneasaithe agus slán."

Uirlisí na hAireachta:

- Ola ungadh
- Cártaí dearbhaithe cneasaithe
- Ceol adhartha a chuireann síocháin agus féiniúlacht ar fáil

Léargas Príomhúil

Ní bhíonn gach galar fisiciúil amháin. Tá fréamhacha ag cuid acu i gconradh ársa agus i bhforais dhlíthiúla deamhanacha nach mór aghaidh a thabhairt orthu go spioradálta.

Dialann Machnaimh

- An raibh mé riamh cráite i mo smaointe nó i mo chodladh?
- An bhfuil trámaí neamhleighis nó doirse spioradálta ann a chaithfidh mé a dhúnadh?
- Cén fhírinne is féidir liom a dhearbhú go laethúil chun m'intinn a dhaingniú i bhFocal Dé?

Paidir na Fóinteachta

A Thiarna Íosa, is tusa Athchóiritheoir m'intinne. Tréigim gach conradh, tráma, nó spiorad deamhanach a ionsaíonn m'inchinn, mo chuid mothúchán, agus mo shoiléireacht. Faighim leigheas agus intinn fhónta. Ordaím go mairfidh mé, agus ní gheobhaidh mé bás. Feidhmeoidh mé i mo neart iomlán, in ainm Íosa. Áiméan.

LÁ 13: SPIORAD AN EAGLA — AG BRISEADH AN CHÁISE DO-FHEICTHE

"*Óir níor thug Dia dúinn spiorad na heagla; ach spiorad na cumhachta, agus an ghrá, agus na sláine.*" — 2 Tiomóid 1:7

"*Tá crá croí ag baint leis an eagla...*" — 1 Eoin 4:18

Ní mothúchán amháin atá san eagla — is féidir leis a bheith ina *spiorad*. Cogarnaíonn sé teip sula dtosaíonn tú. Méadaíonn sé diúltú. Cuireann sé bac ar chuspóir. Cuireann sé pairilis ar náisiúin.

Tá go leor acu i bpríosúin dofheicthe atá tógtha ag eagla: eagla an bháis, teipe, bochtaineachta, daoine, breoiteachta, cogaíochta spioradálta, agus an anaithnid.

Taobh thiar de go leor ionsaithe imní, neamhoird scaoill, agus fóibí neamhréasúnacha luíonn tasc spioradálta a seoladh chun **cinniúint a neodrú**.

Léirithe Domhanda

- **An Afraic** – Eagla fréamhaithe i mallachtaí glúnta, díoltas sinsear, nó frithghníomhartha draíochta.
- **An Áise** – Náire chultúrtha, eagla charmach, imní maidir le hathchomhdhlúthú.
- **Meiriceá Laidineach** – Eagla roimh mhallachtaí, finscéalta sráidbhaile, agus díoltas spioradálta.
- **An Eoraip & Meiriceá Thuaidh** – Imní fholaithe, neamhoird dhiagnóisithe, eagla roimh aghaidh a thabhairt, rath, nó diúltú – spioradálta go minic ach lipéadaithe mar shíceolaíoch.

Fíorscéalta – Ag Nochtadh an Spioraid
Sarah ó Cheanada

Ar feadh na mblianta, ní raibh Sarah in ann codladh sa dorchadas. Bhraith sí láithreacht sa seomra i gcónaí. Rinne dochtúirí diagnóis air mar imní, ach níor oibrigh aon chóireáil. Le linn seisiún saortha ar líne, nochtadh gur oscail eagla óige doras chuig spiorad cráite trí thromluí agus scannán uafáis. Rinne sí aithrí, thréig sí an eagla, agus d'ordaigh sí dó imeacht. Codlaíonn sí anois i síocháin.

Uche ón Nigéir

Glaodh ar Uche chun seanmóir a dhéanamh ach gach uair a sheasfadh sé os comhair daoine, reo sé. Bhí an eagla mí-nádúrtha — ag tachtadh, ag pairilis. I paidir, thaispeáin Dia dó mallacht focal a labhair múinteoir a rinne magadh faoina ghlór mar leanbh. Chruthaigh an focal sin slabhra spioradálta. Nuair a bhris sé é, thosaigh sé ag seanmóir le misneach.

Plean Gníomhaíochta – Dul i ngleic leis an Eagla

1. **Admhaigh aon eagla de réir ainm** : "Tréigim eagla [_____] in ainm Íosa."
2. **Léigh Salm 27 agus Íseáia 41 os ard gach lá.**
3. **Déan adhradh go dtí go dtiocfaidh síocháin in áit scaoill.**
4. **Seachain na meáin chumarsáide atá bunaithe ar eagla — scannáin uafáis, nuacht, ráflaí.**
5. **Dearbhaigh go laethúil** : "Tá meon slán agam. Ní sclábhaí don eagla mé."

Iarratas Grúpa – Breakthrough Pobail

- Fiafraigh de bhaill an ghrúpa: Cén eagla is mó a chuir pairilis ort?
- Bris suas i ngrúpaí beaga agus treoraigh paidreacha **tréigean** agus **athsholáthair** (m.sh., eagla → misneach, imní → muinín).
- Iarr ar gach duine eagla a scríobh síos agus é a dhó mar ghníomh fáidhiúil.
- Bain úsáid as *ola ungadh* agus *admhálacha scrioptúrtha* thar a chéile.

Uirlisí na hAireachta:

- Ola ungadh

- Cártaí dearbhaithe Scrioptúr
- Amhrán adhartha: "Gan Sclábhaithe Níos Mó" le Bethel

Léargas Príomhúil
an creideamh truaillithe an eagla a fhulaingítear .
Ní féidir leat a bheith dána agus eaglach ag an am céanna - roghnaigh an dána.

Dialann Machnaimh

- Cén eagla a d'fhan liom ó bhí mé i mo pháiste?
- Cén tionchar a bhí ag eagla ar mo chinntí, ar mo shláinte nó ar mo chaidrimh?
- Cad a dhéanfainn go difriúil dá mbeadh mé go hiomlán saor?

Paidir Saoirse ó Eagla
A Athair , diúltaím do spiorad na heagla. Dúnaim gach doras trí thráma, focail, nó peaca a thug rochtain don eagla. Faighim Spiorad na cumhachta, an ghrá, agus na hintinne slán. Dearbhaím misneach, síocháin, agus bua in ainm Íosa. Níl aon áit ag an eagla i mo shaol a thuilleadh. Áiméan.

LÁ 14: MARCÁLACHA SÁTANACHA — AG SCRIOSADH AN BHRANDA MÍ-NAOMHNA

"As seo amach, ná cuir aon duine isteach orm: óir iompraím marcanna an Tiarna Íosa i mo chorp." — Galataigh 6:17

"Cuirfidh siad m'ainm ar chlann Iosrael; agus beannóidh mé iad." — Uimhreacha 6:27

Déantar go leor cinniúint *a mharcáil go ciúin* sa réimse spioradálta — ní ag Dia, ach ag an namhaid.

D'fhéadfadh na marcanna satánacha seo teacht i bhfoirm comharthaí coirp aisteacha, aislingí faoi tatúnna nó brandáil, mí-úsáid thrámach, deasghnátha fola, nó altóirí oidhreachta. Tá cuid acu dofheicthe - ní féidir iad a aithint ach trí íogaireacht spioradálta - agus feictear cuid eile mar chomharthaí fisiciúla, tatúnna deamhanacha, brandáil spioradálta, nó laigí leanúnacha.

Nuair a bhíonn duine marcáilte ag an namhaid, féadfaidh siad na nithe seo a leanas a fháil:

- Diúltú agus fuath leanúnach gan chúis.
- Ionsaithe agus bacainní spioradálta arís agus arís eile.
- Bás roimh am nó géarchéimeanna sláinte ag aoiseanna áirithe.
- Á rianú sa spiorad — le feiceáil i gcónaí ag an dorchadas.

Feidhmíonn na marcanna seo mar *chlibeanna dlíthiúla*, ag tabhairt cead do spioraid dhorcha céasadh, moill a chur orthu nó monatóireacht a dhéanamh orthu.

glanann agus **athbhrandaíonn** fuil Íosa.
Léirithe Domhanda

- **An Afraic** – Marcanna treibhe, gearrthacha deasghnátha, coilm tionscnaimh occult.
- **An Áise** – Séalaí spioradálta, siombailí sinsearacha, marcanna karmacha.
- **Meiriceá Laidineach** – Marcanna tionscnaimh Brujeria (buidseacht), comharthaí breithe a úsáidtear i deasghnátha.
- **An Eoraip** – Suaitheantais na Saormháisiúineachta, tatúnna ag glaoch ar threoraithe spioradálta.
- **Meiriceá Thuaidh** – Siombailí na hAoise Nua, tatún mí-úsáide deasghnátha, brandáil dheamhanach trí chomhaontuithe occult.

Fíorscéalta – Cumhacht an Athbhrandála
Dáithí ó Uganda

Bhíodh diúltú le sárú ag Dáiví i gcónaí. Ní raibh aon duine in ann a mhíniú cén fáth, in ainneoin a thallann. I paidir, chonaic fáidh "X spioradálta" ar a éadan - marc ó dheasghnáth óige a rinne sagart sráidbhaile. Le linn a shaortha, scriosadh an marc go spioradálta trí ola ungadh agus dearbhuithe fuil Íosa. D'athraigh a shaol laistigh de chúpla seachtain - phós sé, fuair sé post, agus rinneadh ceannaire óige de.

Sandra ón mBrasaíl

Bhí tatú dragan ag Sandra óna héirí amach ina déagóir. Tar éis di a saol a thabhairt do Chríost, thug sí faoi deara ionsaithe spioradálta dian aon uair a bhí sí ag troscadh nó ag paidir. Thuig a sagart gur siombail dheamhanach a bhí sa tatú a bhí nasctha le monatóireacht a dhéanamh ar spioraid. Tar éis seisiún aithrí, paidir, agus cneasaithe inmheánach, baineadh an tatú di agus bhris sí an ceangal anama. Stop a tromluí láithreach.

Plean Gníomhaíochta – Scrios an Marc

1. **Iarr ar an Spiorad Naomh** aon mharcanna spioradálta nó fisiciúla i do shaol a nochtadh.
2. **Déan aithrí** as aon bhaint phearsanta nó oidhreachta a bheith agat leis na deasghnátha a cheadaigh iad.
3. **Cuir fuil Íosa** ar do chorp — éadan, lámha, cosa.
4. **Bris spioraid faireacháin, naisc anama, agus cearta dlíthiúla** atá

ceangailte le marcanna (féach na scrioptúir thíos).
5. **Bain tatún fisiciúla nó míreanna** (mar a threoraítear) atá nasctha le comhaontuithe dorcha.

Iarratas Grúpa – Athbhrandáil i gCríost

- Fiafraigh de bhaill an ghrúpa: An raibh marc agat riamh nó an raibh aisling agat go mbeadh branda ort?
- Treoraigh paidir **glantacháin agus aththiomnachta** do Chríost.
- Ungaigí ola ar bhur n-éadain agus dearbhaigh: *"Tá marc an Tiarna Íosa Críost oraibh anois."*
- Bris amach na spioraid monatóireachta agus athshreangaigh a bhféiniúlacht i gCríost.

Uirlisí na hAireachta:

- Ola olóige (beannaithe le haghaidh ungadh)
- Scáthán nó éadach bán (gníomh níocháin siombalach)
- Comaoineach (séalaigh an fhéiniúlacht nua)

Léargas Príomhúil

An rud atá marcáilte sa spiorad, **feictear sa spiorad é** — bain an rud a d'úsáid an namhaid chun clibeanna a chur ort.

Dialann Machnaimh

- An bhfaca mé riamh marcanna, bruitíní nó siombailí aisteacha ar mo chorp gan mhíniú?
- An bhfuil rudaí, tolláin, nó tatún ann a chaithfidh mé a thréigean nó a bhaint?
- An bhfuil mo chorp ath-thiomnaithe agam go hiomlán mar theampall an Spioraid Naoimh?

Paidir Athbhrandála

A Thiarna Íosa , diúltaím do gach marc, conradh agus tiomantas a rinneadh i mo chorp nó i mo spiorad lasmuigh de do thoil. Le do chuid fola, scriosaim gach branda satánach. Dearbhaím go bhfuil mé marcáilte do Chríost amháin. Lig do shéala úinéireachta a bheith orm, agus lig do gach spiorad monatóireachta rian a chailleadh orm anois. Níl mé le feiceáil ag an dorchadas a thuilleadh. Siúlaim saor — in ainm Íosa, Áiméan.

LÁ 15: RÍOCHT AN SCÁTHÁIN — AG ÉALÚ Ó PHRÍOSÚN NA MACHNAMH

"*Óir feicimid trí ghloine anois, go dorcha; ach ansin feicimid aghaidh ar aghaidh...*" — 1 Corantaigh 13:12
"*Tá súile acu ach ní fheiceann siad, cluasa acu ach ní chloiseann siad...*" — Salm 115:5-6

Tá **réimse scátháin** i saol na spiorad — áit ina bhfuil *aitheantais bhréige*, ionramháil spioradálta, agus machnaimh dhorcha. Is féidir nach scátháin ó Dhia iad na rudaí a fheiceann go leor i mbrionglóidí nó i bhfís, ach uirlisí meabhlaireachta ón ríocht dhorcha.

Sa saol occult, úsáidtear scátháin chun **anamacha a ghabháil**, **saolta a mhonatóiriú**, nó **pearsantachtaí a aistriú**. I roinnt seisiún saortha, tuairiscíonn daoine go bhfeiceann siad iad féin "ina gcónaí" in áit eile — taobh istigh de scáthán, ar scáileán, nó taobh thiar de bhrat spioradálta. Ní siabhránachtaí iad seo. Is minic gur príosúin shatánacha iad atá deartha chun:

- Bris an anam
- Moill ar an gcinniúint
- Meascán céannachta
- Óstáil amlínte spioradálta malartacha

Leagan bréagach díot féin a chruthú a mhaireann faoi smacht deamhanach agus do fhíorfhéin ag maireachtáil i mearbhall nó i gcliseáil.

Léirithe Domhanda

- **An Afraic** – Draíocht scátháin a úsáideann draoithe chun monatóireacht a dhéanamh ar an draíocht, chun í a ghabháil nó chun ionsaí a dhéanamh uirthi.

- **An Áise** – Úsáideann seamáin babhlaí uisce nó clocha snasta chun spioraid a "fheiceáil" agus a thoghairm.
- **An Eoraip** – Deasghnátha scátháin dhuibh, necromancy trí machnaimh.
- **Meiriceá Laidineach** – Ag scrábháil trí scátháin obsidian i dtraidisiúin Aztec.
- **Meiriceá Thuaidh** – Tairseacha scátháin na haoise nua, breathnú ar scátháin le haghaidh taistil astral.

Fianaise — "An Cailín sa Scáthán"
Maria ó na hOileáin Fhilipíneacha

Bhí brionglóidí ag Maria faoi bheith gafa i seomra lán scáthán. Gach uair a dhéanfadh sí dul chun cinn ina saol, d'fheicfeadh sí leagan di féin sa scáthán á tarraingt siar. Oíche amháin le linn a saoirse, scread sí agus dúirt sí gur chonaic sí í féin "ag siúl amach as scáthán" isteach sa tsaoirse. Chuir a sagart smúdáil ar a súile agus threoraigh sé í chun ionramháil scátháin a thréigean. Ó shin i leith, tá a soiléireacht mheabhrach, a gnó agus a saol teaghlaigh athraithe go hiomlán.

Dáithí as Albain

, agus é i ndoimhneacht machnaimh na haoise nua tráth, chleacht sé "obair scáth scátháin". Le himeacht ama, thosaigh sé ag éisteacht le guthanna agus ag feiceáil é féin ag déanamh rudaí nár cheap sé riamh. Tar éis dó glacadh le Críost, bhris aire fuascailte naisc anama scátháin agus ghuigh sé os cionn a intinne. Thuairiscigh Dáithí gur mhothaigh sé cosúil le "ceo ardaithe" den chéad uair le blianta.

Plean Gníomhaíochta – Bris an Draíocht Scátháin

1. **Tréigean** gach baint aitheanta nó anaithnid le scátháin a úsáidtear go spioradálta.
2. **Clúdaigh gach scáthán i do theach** le héadach le linn paidreoireachta nó troscadh (más rud é go bhfuil treoir tugtha).
3. **Ung do shúile agus do mhullach** — dearbhaigh nach bhfeiceann tú anois ach an rud a fheiceann Dia.
4. **Bain úsáid as an Scrioptúr** chun do chéannacht i gCríost a dhearbhú, ní i machnamh bréagach:
   - *Íseáia 43:1*

- *2 Corantaigh 5:17*
- *Eoin 8:36*

IARRATAS GRÚPA – ATHCHÓIRIÚ Céannachta

- Fiafraigh: An raibh brionglóidí agat riamh a bhain le scáthain, le daoine dúbailte, nó le bheith á bhreathnú?
- Treoraigh paidir aisghabhála céannachta — ag dearbhú saoirse ó leaganacha bréagacha den fhéin.
- Leag do lámha ar na súile (go siombalach nó i paidir) agus guigh ar son soiléireachta radhairc.
- Bain úsáid as scáthán i ngrúpa chun a dhearbhú go fáidhiúil: *"Is mise an duine a deir Dia atá mé. Ní rud ar bith eile."*

Uirlisí na hAireachta:

- Éadach bán (siombailí clúdaigh)
- Ola olóige le haghaidh ungadh
- Treoir dearbhaithe scátháin fáidhiúil

Léargas Príomhúil

Is breá leis an namhaid an chaoi a bhfeiceann tú tú féin a shaobhadh - mar is í do chéannacht do phointe rochtana ar an gcinniúint.

Dialann Machnaimh

- An bhfuil mé tar éis bréaga a chreidiúint faoi cé mé féin?
- An raibh mé riamh páirteach i deasghnátha scátháin nó an raibh mé i ngan fhios dom féin gur cheadaigh mé draíocht scátháin?
- Cad a deir Dia faoi cé mé féin?

Paidir na Saoirse ó Réimse an Scátháin

A Athair ar Neamh, brisim gach conradh leis an réimse scátháin — gach machnamh dorcha, dúbailt spioradálta, agus amlíne falsa. Tréigim gach céannacht bhréagach. Dearbhaím gurb mise an té a deir Tú atá mé. Le fuil

Íosa, céimním amach as príosún na machnaimh agus isteach i lánúlacht mo chuspóra. Ón lá inniu, feicim le súile an Spioraid — i bhfírinne agus i soiléireacht. In ainm Íosa, Áiméan.

LÁ 16: AG BRISEADH NA MALLACHTAÍ FOCAL — AG ATHGHAIRM D'AINM, DO THODHCHAÍ

"*Tá bás agus beatha i gcumhacht na teanga...*" — Seanfhocail 18:21

"*Ní éireoidh le haon arm a chumfar i do choinne, agus gach teanga a éiríonn i do choinne i mbreithiúnas, daorfaidh tú...*" — Íseáia 54:17

coimeádáin spioradálta iad , a bhfuil cumhacht iontu chun beannú nó ceangal. Siúlann go leor daoine gan fhios dóibh faoi **ualach na mallachtaí a labhraítear** orthu ag tuismitheoirí, múinteoirí, ceannairí spioradálta, iar-leannáin, nó fiú a mbéal féin.

Tá cuid acu tar éis iad seo a chloisteáil cheana:

- "Ní bheidh aon rud bainte amach agat choíche."
- "Tá tú díreach cosúil le d'athair - gan úsáid."
- "Teipeann ar gach rud a ndéanann tú teagmháil leis."
- "Mura féidir liomsa tú a bheith agam, ní bheidh aon duine agam."
- "Tá mallacht ort... féach agus féach."

Is féidir le focail mar seo, a labhraítear le fearg, fuath, nó eagla – go háirithe ag duine i gceannas – a bheith ina ngaiste spioradálta. Fiú mallachtaí féinfhógartha ar nós *"Is mian liom nár rugadh mé riamh"* nó *"Ní phósfaidh mé riamh"* is féidir leo bonn dlíthiúil a thabhairt don namhaid.

Léirithe Domhanda

- **An Afraic** – Mallachtaí treibhe, mallachtaí tuismitheoirí mar gheall ar éirí amach, mallachtaí an mhargaidh.
- **An Áise** – Dearbhuithe focal bunaithe ar karma, gealltanais sinsear a labhraítear thar leanaí.

- **Meiriceá Laidineach** – Mallachtaí Brujeria (buidseacht) a ghníomhaítear leis an bhfocal labhartha.
- **An Eoraip** – Draíocht labhartha, "tairngreachtaí" teaghlaigh a chomhlíonann iad féin.
- **Meiriceá Thuaidh** – Mí-úsáid bhriathartha, cantaireachtaí occult, dearbhaisc féin-fhuatha.

Cibé acu a cogarnaítear nó a ghlaoitear, bíonn tionchar ag mallachtaí a labhraítear le mothúchán agus le creideamh ar an spiorad.

Fianaise — "Nuair a Labhair Mo Mháthair faoin mBás"
Keisha (Iamáice)

D'fhás Keisha aníos ag éisteacht lena máthair ag rá: *"Is tusa an chúis go bhfuil mo shaol scriosta."* Gach breithlá, tharlódh rud éigin dona. Ag 21 bliain d'aois, rinne sí iarracht féinmharú, agus í cinnte nach raibh aon luach ina saol. Le linn seirbhís shaortha, d'fhiafraigh an ministir: *"Cé a labhair bás thar do shaol?"* Bhris sí síos. Tar éis di na focail a thréigean agus maithiúnas a scaoileadh, bhain sí taitneamh as faoi dheireadh. Anois, múineann sí do chailíní óga conas labhairt faoin saol thar iad féin.

Andrei (An Rómáin)

Dúirt múinteoir Andrei uair amháin: *"Críochnóidh tú i bpríosún nó beidh tú marbh roimh 25."* Chuir an ráiteas sin isteach air. Thit sé i gcoireacht, agus ag 24 bliain d'aois gabhadh é. Sa phríosún, bhuail sé le Críost agus thuig sé an mallacht a raibh sé tar éis aontú léi. Scríobh sé litir mhaithiúnais chuig an múinteoir, stróic sé gach bréag a dúradh air, agus thosaigh sé ag labhairt gealltanais Dé. Tá sé i gceannas anois ar aireacht for-rochtana príosúin.

Plean Gníomhaíochta – An Mallacht a Chur Ar Ais

1. Scríobh síos ráitis dhiúltacha a dúradh fút — ag daoine eile nó tú féin.
2. I paidir, **tréig gach focal mallaithe** (abair os ard é).
3. **Scaoil maithiúnas** leis an duine a labhair é.
4. **Labhair fírinne Dé** ort féin chun an mallacht a athsholáthar le beannacht:
    - *Irimia 29:11*
    - *Deotranaimí 28:13*

- *Rómhánaigh 8:37*
- *Salm 139:14*

Iarratas Grúpa – Cumhacht na bhFocal

- Fiafraigh: Cad iad na ráitis a mhúnlaigh do chéannacht — maith nó olc?
- I ngrúpaí, bris mallachtaí amach os ard (le híogaireacht), agus abair beannachtaí ina n-áit.
- Bain úsáid as cártaí scrioptúir — léann gach duine 3 fhírinne faoina bhféiniúlacht os ard.
- *Foraithne Beannachta* 7 lá a thosú orthu féin.

Uirlisí na hAireachta:

- Cártaí splanc le haitheantas scrioptúr
- Ola olóige chun béal a ungadh (óráid naofa)
- Dearbhuithe scátháin — labhair an fhírinne thar do mhachnamh go laethúil

Léargas Príomhúil

Má labhraíodh mallacht, is féidir í a bhriseadh — agus is féidir focal nua beatha a labhairt ina háit.

Dialann Machnaimh

- Cé leis na focail a mhúnlaigh mo chéannacht?
- An bhfuil mallacht curtha agam orm féin de bharr eagla, fearg, nó náire?
- Cad a deir Dia faoi mo thodhchaí?

Paidir chun Mallachtaí Focal a Bhriseadh

A Thiarna Íosa , tréigim gach mallacht a labhraíodh thar mo shaol — ó theaghlach, ó chairde, ó mhúinteoirí, ó leannáin, agus fiú mé féin. Maithim gach guth a d'fhógair teip, diúltú, nó bás. Brisim cumhacht na bhfocal sin anois, in ainm Íosa. Labhraím beannacht, fabhar, agus cinniúint thar mo shaol. Is mise an té a deir Tú atá mé — grá, roghnaithe, cneasaithe, agus saor. In ainm Íosa. Áiméan.

LÁ 17: SAORADH Ó RIALÚ AGUS IONRÁIL

"*Ní róbaí agus coirí atá i gceist le draíocht i gcónaí - uaireanta is focail, mothúcháin agus iallaí dofheicthe atá i gceist.*"

"Óir is peaca draíochta é ceannairc, agus is ionann ceanndán agus aingidheacht agus íoladhradh."

— 1 Samúéil 15:23

Ní i scrínte amháin a fhaightear draíocht. Is minic a chaitheann sí aoibh gháire agus a ionramhálann sí trí chiontacht, bagairtí, maidne nó eagla. Déanann an Bíobla éirí amach - go háirithe an t-éirí amach a chuireann smacht mídhiaga i bhfeidhm ar dhaoine eile - a ionann le draíocht. Aon uair a úsáidimid brú mothúchánach, síceolaíoch nó spioradálta chun toil duine eile a smachtú, táimid ag siúl i gcríoch chontúirteach.

Léirithe Domhanda

- **An Afraic** – Máithreacha ag mallachtú leanaí le fearg, leannáin ag ceangal daoine eile trí "juju" nó póir ghrá, ceannairí spioradálta ag cur eagla ar leanúna.
- **An Áise** – Rialú Guru ar dheisceabail, dúmhál tuismitheoirí i bpóstaí socraithe, ionramháil corda fuinnimh.
- **An Eoraip** – Mionnaí Saormháisiúnaigh a rialaíonn iompar glúine, ciontacht reiligiúnach agus ceannas.
- **Meiriceá Laidineach** – Brujería (buidseacht) a úsáideadh chun comhpháirtithe a choinneáil, dúmhál mothúchánach fréamhaithe i mallachtaí teaghlaigh.
- **Meiriceá Thuaidh** – Tuismitheoireacht narcasach, ceannaireacht ionramhála faoi cheilt mar "chlúdach spioradálta", tairngreacht bunaithe ar eagla.

Is minic a deir guth na draíochta go bog: *"Mura ndéanann tú é seo, caillfidh tú mise, caillfidh tú fabhar Dé, nó fulaingeoidh tú."*

Ach ní dhéanann fíorghrá ionramháil choíche. Tugann guth Dé síocháin, soiléireacht agus saoirse rogha i gcónaí.

Fíorscéal — Ag Briseadh an Iall Dofheicthe

Grace ó Cheanada páirteach go mór i ministéireacht fháidhiúil inar thosaigh an ceannaire ag deachtú cé leis a bhféadfadh sí dul ar dháta, cá bhféadfadh sí maireachtáil, agus fiú conas guí. Ar dtús, bhraith sé spioradálta, ach le himeacht ama, bhraith sí mar phríosúnach dá thuairimí. Aon uair a rinne sí iarracht cinneadh neamhspleách a dhéanamh, dúradh léi go raibh sí "ag éirí amach in aghaidh Dé." Tar éis briseadh síos agus í ag léamh *Greater Exploits 14*, thuig sí gurbh í seo draíocht charismatach - rialú a bhí ag ligean uirthi gur fáistine a bhí ann.

Thréig Grace an ceangal anama lena ceannaire spioradálta, rinne sí aithrí as a comhaontú féin leis an ionramháil, agus chuaigh sí isteach i bpobal áitiúil le haghaidh cneasaithe. Sa lá atá inniu ann, tá sí slán agus ag cabhrú le daoine eile teacht amach as mí-úsáid reiligiúnach.

Plean Gníomhaíochta — Draíocht a Aithint i gCaidrimh

1. Cuir ceist ort féin: *An mbraitheann mé saor timpeall an duine seo, nó an bhfuil eagla orm díomá a chur orthu?*
2. Liostaigh caidrimh ina n-úsáidtear ciontacht, bagairtí, nó masla mar uirlisí rialaithe.
3. Tréig gach nasc mothúchánach, spioradálta nó anama a fhágann go mbraitheann tú faoi smacht nó gan guth.
4. Guigh os ard chun gach iall ionramhála i do shaol a bhriseadh.

Uirlisí Scrioptúr

- **1 Samúéil 15:23** – Éirí amach agus draíocht
- **Galataigh 5:1** – "Seas go daingean... ná bíodh cuing na sclábhaíochta oraibh arís."
- **2 Corantaigh 3:17** – "An áit a bhfuil Spiorad an Tiarna, tá saoirse ann."
- **Míocá 3:5-7** – Fáithe bréagacha ag baint úsáide as imeaglú agus

breabaireacht

Plé Grúpa & Feidhmchlár

- Roinn (gan ainm más gá) tráth inar mhothaigh tú go raibh tú á ionramháil go spioradálta nó go mothúchánach.
- Déan rólghlacadh ar phaidir "ina n-insítear an fhírinne" — smacht a scaoileadh ar dhaoine eile agus do thoil a ghlacadh ar ais.
- Iarr ar na baill litreacha (fíor nó siombalach) a scríobh ag briseadh naisc le daoine rialaithe agus ag dearbhú saoirse i gCríost.

Uirlisí na hAireachta:

- Péireáil comhpháirtithe saoirse.
- Bain úsáid as ola ungadh chun saoirse a dhearbhú thar an intinn agus an toil.
- Bain úsáid as an gcomhchomaoineach chun conradh le Críost a athbhunú mar an t- *aon fhíorchlúdach* .

Léargas Príomhúil
San áit a bhfuil an ionramháil ina cónaí, bíonn an draíocht ag fás. Ach san áit a bhfuil Spiorad Dé, bíonn saoirse ann.

Dialann Machnaimh

- Cé nó cad a lig mé dom mo ghlór, mo thoil nó mo threo a rialú?
- An ndearna mé riamh úsáid as eagla nó as béasaíocht chun mo bhealach a bhaint amach?
- Cad iad na céimeanna a dhéanfaidh mé inniu chun siúl i saoirse Chríost?

Paidir na Saoirse
A Athair Neamhaí, diúltaím do gach cineál ionramhála mothúchánach, spioradálta agus síceolaíoch atá ag feidhmiú ionam nó timpeall orm. Gearraim gach ceangal anama atá fréamhaithe in eagla, ciontacht agus rialú. Brisim saor ó éirí amach, ó cheannas agus ó imeaglú. Dearbhaím nach bhfuilim á threorú ag do

Spiorad ach amháin. Faighim grásta chun siúl i ngrá, i bhfírinne agus i saoirse. In ainm Íosa. Áiméan.

LÁ 18: AG BRISEADH CUMHACHT AN NEAMH-MHAITHNEACHTA AGUS AN SEIRBHSE

"**I**s ionann neamh-mhaithiúnas agus nimh a ól agus a bheith ag súil go bhfaighidh an duine eile bás."

"Féach air... nach bhfásfaidh aon fhréamh searbh suas chun trioblóid a chur faoi deara agus chun go leor a thruailliú."

— *Eabhraigh 12:15*

Is scriosán ciúin é an searbhas. Féadfaidh sé tosú le gortú — feall, bréag, caillteanas — ach nuair a fhágtar gan srian leis, fásann sé ina neamh-mhaithiúnas, agus ar deireadh, ina fhréamh a nimhíonn gach rud.

Osclaíonn neamh-mhaithiúnas an doras do spioraid chéasacha (Maitiú 18:34). Cuireann sé ceo ar an idirdhealú, cuireann sé bac ar leigheas, tachtann sé do ghuí, agus cuireann sé bac ar shreabhadh chumhacht Dé.

Ní hamháin go bhfuil saoirse faoi dheamhain a chaitheamh amach — baineann sé le scaoileadh saor cad a bhí á choinneáil istigh agat.

LÉIRITHE DOMHANDA SEARBHAIS

- **An Afraic** – Cogaí treibhe, foréigean polaitiúil, agus feall teaghlaigh a théann ó ghlúin go glúin.
- **An Áise** – Easurraim idir tuismitheoirí agus páistí, créachta bunaithe ar an gcast, feall reiligiúnach.
- **An Eoraip** – Ciúnas ó ghlúin go glúin faoi mhí-úsáid, searbhas faoi cholscaradh nó mídhílseacht.
- **Meiriceá Laidineach** – Créachtaí ó institiúidí truaillithe, diúltuithe teaghlaigh, ionramháil spioradálta.

- **Meiriceá Thuaidh** – Gortú eaglaise, tráma ciníoch, aithreacha as láthair, éagóir san ionad oibre.

Ní bhíonn searbhas ag béicíl i gcónaí. Uaireanta, cogarnaíonn sé, "Ní dhéanfaidh mé dearmad go deo ar a ndearna siad."

Ach deir Dia: *Lig dó imeacht — ní toisc go bhfuil sé tuillte acu, ach toisc go bhfuil sé tuillte **agatsa***.

Fíorscéal — An Bhean Nár Mhaithfeadh

Maria ón mBrasaíl 45 bliain d'aois nuair a tháinig sí ar dtús le haghaidh saortha. Gach oíche, bhíodh sí ag brionglóideach go mbeadh sí á tachtadh. Bhí othrais, brú fola ard agus dúlagar uirthi. Le linn an tseisiúin, nochtadh go raibh fuath aici dá hathair a rinne mí-úsáid uirthi mar leanbh - agus a thréig an teaghlach ina dhiaidh sin.

Bhí sí ina Críostaí, ach níor mhaith sí dó riamh.

Agus í ag gol agus á scaoileadh saor os comhair Dé, tháinig crith ina corp — bhris rud éigin. An oíche sin, chodail sí go síochánta den chéad uair le 20 bliain. Dhá mhí ina dhiaidh sin, thosaigh a sláinte ag feabhsú go mór. Roinneann sí a scéal anois mar chóitseálaí cneasaithe do mhná.

Plean Gníomhaíochta — An Fhréamh Searbh a Bhaint Amach

1. **Ainmnigh é** – Scríobh síos ainmneacha na ndaoine a ghortaigh tú — fiú tú féin nó Dia (má bhí fearg ort leis i ngan fhios).
2. **Scaoil saor é** – Abair os ard: *"Roghnaím maithiúnas a thabhairt do [ainm] as [cionta sonrach]. Scaoilim saor iad agus saoraim mé féin."*
3. **Dóigh é** – Más sábháilte é sin a dhéanamh, dóigh nó mionghearr an páipéar mar ghníomh fáidhiúil scaoilte.
4. **Guígí beannachtaí** thar na daoine a rinne éagóir oraibh — fiú má chuireann bhur mothúcháin i gcoinne a chéile. Is cogaíocht spioradálta í seo.

Uirlisí Scrioptúr

- *Maitiú 18:21–35* – Parabal an tseirbhísigh neamhthrócaireach
- *Eabhraigh 12:15* – Truaillíonn fréamhacha searbha go leor
- *Marcas 11:25* – Maithigí, ionas nach gcuirfear bac ar bhur paidreacha

- *Rómhánaigh 12:19–21* – Fág díoltas faoi Dhia

IARRATAS GRÚPA & AIREACHT

- Iarr ar gach duine (go príobháideach nó i scríbhinn) duine a ainmniú a bhfuil deacracht acu a mhaitheamh.
- Bris isteach i bhfoirne paidreacha chun siúl tríd an bpróiseas maithiúnais ag baint úsáide as an paidir thíos.
- Treoraigh "searmanas dóite" fáidhiúil ina scriostar cionta scríofa agus ina gcuirtear dearbhuithe cneasaithe ina n-áit.

Uirlisí na hAireachta:

- Cártaí dearbhaithe maithiúnais
- Ceol uirlise bog nó adhradh bog
- Ola áthais (le haghaidh ungadh tar éis scaoilte)

Léargas Príomhúil

Is geata é an neamhmhaithiúnas a úsáideann an namhaid. Is claíomh é an maithiúnas a ghearrann corda na daoirse.

Dialann Machnaimh

- Cé a chaithfidh mé maithiúnas a thabhairt dó inniu?
- An bhfuil mé tar éis maithiúnas a thabhairt dom féin — nó an bhfuil mé ag pionósú mé féin as botúin san am atá thart?
- An gcreidim gur féidir le Dia a athchóiriú an rud a chaill mé trí bhrath nó cion?

Paidir Scaoilte

A Thiarna Íosa, tagaim os do chomhair le mo phian, mo fhearg agus mo chuimhní cinn. Roghnaím inniu — trí chreideamh — maithiúnas a thabhairt do gach duine a ghortaigh, a rinne mí-úsáid orm, a bhrath orm nó a dhiúltaigh dom. Ligim dóibh imeacht. Scaoilim saor iad ón mbreithiúnas agus scaoilim saor mé féin ón searbhas. Iarraim ort gach créacht a leigheas agus mé a líonadh le do shíocháin. In ainm Íosa. Áiméan.

LÁ 19: AG SLÁNÚ Ó NÁIRE AGUS Ó CHÁINÍN

"Deir an náire, 'Táim olc.' Deir an cáineadh, 'Ní bheidh mé saor go deo.' Ach deir Íosa, 'Is liomsa thú, agus rinne mé athnuachan thú.'"

"Bíonn lonrúil ar a n-aghaidheanna a fhéachann air; ní bhíonn náire orthu choíche."

— Salm 34:5

Ní mothú amháin atá i náire — is straitéis an namhad í. Is í an brat a chuireann sé timpeall orthu siúd atá tite, teipthe, nó sáraithe. Deir sí, "Ní féidir leat teacht gar do Dhia. Tá tú ró-shalach. Ró-mhillte. Ró-chiontach."

Ach is **bréag an daoradh** — mar i gCríost, **níl aon daoradh ann** (Rómhánaigh 8:1).

Fanann go leor daoine atá ag lorg saoirse sáinnithe mar chreideann siad **nach fiú iad an tsaoirse**. Bíonn ciontacht orthu mar bhrat agus athsheinm a gcuid botún is measa cosúil le taifead briste.

Níor íoc Íosa as do pheacaí amháin — d'íoc sé as do náire.

Aghaidheanna Domhanda na Náire

- **An Afraic** – Tabú cultúrtha maidir le héigniú, neamhthorachas, easpa leanaí, nó mainneachtain pósadh.
- **An Áise** – Náire bunaithe ar easurraim de bharr ionchais teaghlaigh nó claonadh reiligiúnach.
- **Meiriceá Laidineach** – Ciontacht mar gheall ar ghinmhilleadh, baint le himreoirí occult, nó náire teaghlaigh.
- **An Eoraip** – Náire fholaithe ó pheacaí rúnda, mí-úsáid, nó deacrachtaí sláinte meabhrach.
- **Meiriceá Thuaidh** – Náire mar gheall ar andúil, colscaradh, pornagrafaíocht, nó mearbhall céannachta.

Maireann náire i dtost — ach faigheann sí bás i solas ghrá Dé.

Fíorscéal — Ainm Nua i ndiaidh Ginmhillte

Jasmine ó na Stáit Aontaithe sular tháinig sí chun Críost. Cé gur slánaíodh í, ní raibh sí in ann maithiúnas a thabhairt di féin. Bhraith gach Lá Máthar cosúil le mallacht. Nuair a labhair daoine faoi leanaí nó faoi thuismitheoireacht, bhraith sí dofheicthe - agus níos measa fós, neamhfhiúntach.

Le linn cúlú ban, chuala sí teachtaireacht ar Íseáia 61 — "in ionad náire, cuid dhúbailte." Ghuil sí. An oíche sin, scríobh sí litreacha chuig a leanaí gan bhreith, rinne sí aithrí arís os comhair an Tiarna, agus fuair sí fís d'Íosa ag tabhairt ainmneacha nua di: *"A ghrá geal," "A Mháthair," "Athchóirithe."*

Déanann sí aire anois do mhná iar-ghinmhillte agus cuidíonn sí leo a bhféiniúlacht i gCríost a athghabháil.

Plean Gníomhaíochta — Céim Amach as na Scáthanna

1. **Ainmnigh an Náire** – Scríobh i ndialann cad a bhí tú ag ceilt nó ag mothú ciontach faoi.
2. **Admhaigh an Bréag** – Scríobh amach na cúisimh a chreid tú (m.sh., "Tá mé salach," "Tá mé dícháilithe").
3. **Cuir an Fhírinne ina áit** – Dearbhaigh Briathar Dé os ard ort féin (féach na Scrioptúir thíos).
4. **Gníomh Fáidhiúil** – Scríobh an focal "NÁIRE" ar phíosa páipéir, ansin stróic nó dóigh é. Dearbhaigh: *"Níl mé faoi cheangal seo a thuilleadh!"*

Uirlisí Scrioptúr

- *Rómhánaigh 8:1–2* – Gan aon daoradh i gCríost
- *Íseáia 61:7* – Dúbailt an chuid ar son náire
- *Salm 34:5* – Lonracht ina láthair
- *Eabhraigh 4:16* – Rochtain dhána ar ríchathaoir Dé
- *Zefaniá 3:19–20* – Baintear náire as na náisiúin le Dia

Iarratas Grúpa & Aireacht

- Tabhair cuireadh do rannpháirtithe ráitis náire gan ainm a scríobh (m.sh., "Rinne mé ginmhilleadh," "Rinneadh mí-úsáid orm," "Rinne mé calaois") agus iad a chur i mbosca séalaithe.
- Léigh Íseáia 61 os ard, ansin treoraigh paidir ar son malartaithe — brón ar son áthais, luaithreach ar son áilleachta, náire ar son onóra.
- Seinn ceol adhartha a leagann béim ar chéannacht i gCríost.
- Labhair focail fháidhiúla faoi dhaoine atá réidh le ligean uathu imeacht.

Uirlisí na hAireachta:

- Cártaí dearbhaithe aitheantais
- Ola ungadh
- Seinmliosta adhartha le hamhráin ar nós "You Say" (Lauren Daigle), "No Longer Slaves," nó "Who You Say I Am"

Léargas Príomhúil
Is gadaí í an náire. Goideann sí do ghlór, do lúcháir, agus d'údarás. Níor mhaith Íosa do pheacaí amháin - bhain sé a cumhacht den náire.

Dialann Machnaimh

- Cad é an chéad chuimhne náire is féidir liom a thabhairt chun cuimhne?
- Cén bréag atá á chreidiúint agam fúm féin?
- An bhfuil mé réidh le mé féin a fheiceáil mar a fheiceann Dia mé — glan, lonrach, agus roghnaithe?

Paidir Leighis
A Thiarna Íosa, cuirim mo náire, mo phian i bhfolach, agus gach guth cáineadh chugat. Táim ag déanamh aithrí as aontú le bréaga an namhad faoi cé mé féin. Roghnaím a chreidiúint cad a deir tú - go bhfuil maithiúnas faighte agam, go bhfuil grá agam, agus go ndéantar mé nua. Glacaim le do róba

fíréantachta agus céimim isteach sa tsaoirse. Siúlaim amach as an náire agus isteach i do ghlóir. In ainm Íosa, Áiméan.

LÁ 20: DRAOIGHNEACHT AN TEAGHLAIGH — NUAIR A CHÓNAÍONN AN DORCHADAS FAOI AN DÍON CÉANNA

"*Ní bhíonn gach namhaid amuigh. Bíonn aghaidheanna eolacha ar chuid acu.*"
"Is iad baill a theaghlaigh féin naimhde fear."
— *Maitiú 10:36*

Ní i bhforaoisí ná i scrínte a throidtear cuid de na cathanna spioradálta is fíochmhaire - ach i seomraí leapa, i gcistineacha, agus in altóirí teaghlaigh.

Tagraíonn **draíocht tí** d'oibríochtaí deamhanacha a eascraíonn ó theaghlach duine — tuismitheoirí, céilí, siblíní, foireann tí, nó gaolta sínte — trí éad, cleachtas occult, altóirí sinsear, nó ionramháil spioradálta dhíreach.

Bíonn an tsaoirse casta nuair is iad na daoine atá i gceist na **daoine a bhfuil grá againn dóibh nó a bhfuil cónaí orainn leo.**

Samplaí Domhanda de Dhruidéireacht Teaghlaigh

- **An Afraic** – Seolann leasmháthair éadmhar mallachtaí trí bhia; spreagann siblín spioraid i gcoinne dearthár níos rathúla.
- **An India & Neipeal** – Tiomnaíonn máithreacha leanaí do dhéithe ag breith; úsáidtear altóirí baile chun cinniúint a rialú.
- **Meiriceá Laidineach** – Brujeria nó Santeria a chleachtann gaolta faoi rún chun céilí nó leanaí a ionramháil.
- **An Eoraip** – Saormhaisiúnachas ceilte nó mionnaí occult i línte teaghlaigh; traidisiúin shíceacha nó spioradáltachta a tugadh anuas.
- **Meiriceá Thuaidh** – Tuismitheoirí Wiccanacha nó tuismitheoirí

nua-aoiseacha ag "beannú" a bpáistí le criostail, glanadh fuinnimh, nó tarot.

B'fhéidir go bhfolach na cumhachtaí seo taobh thiar de ghrá teaghlaigh, ach is é a sprioc smacht, marbhántacht, breoiteacht agus daoirse spioradálta.

Fíorscéal — M'Athair, Fáidh an tSráidbhaile

Tógadh bean as Iarthar na hAfraice i dteach inar fáidh sráidbhaile a raibh meas mór air a hathair. Do dhaoine ón taobh amuigh, ba threoraí spioradálta é. Taobh thiar de dhoirse dúnta, chuir sé geasa i bhfolach sa chomhdhúil agus rinne sé íobairtí thar ceann teaghlach a bhí ag lorg fabhar nó díoltais.

Tháinig patrúin aisteacha chun cinn ina saol: tromluí arís agus arís eile, caidrimh theipthe, agus tinneas gan mhíniú. Nuair a thug sí a saol do Chríost, chas a hathair ina coinne, ag dearbhú nach n-éireodh léi choíche gan a chabhair. Chuaigh a saol i léig ar feadh na mblianta.

Tar éis míonna paidreacha meán oíche agus troscadh, threoraigh an Spiorad Naomh í chun gach nasc anama le brat occultach a hathar a thréigean. Chuir sí scrioptúir ina ballaí, dhóigh sí seanchomharthaí, agus d'ung sí a tairseach go laethúil. De réir a chéile, thosaigh dul chun cinn: tháinig a sláinte ar ais, glanadh a brionglóidí, agus phós sí sa deireadh. Cuidíonn sí anois le mná eile atá os comhair altóirí tí.

Plean Gníomhaíochta — Ag Tabhairt Aghaidh ar an Spiorad Eolach

1. **Déan idirdhealú gan easurraim** – Iarr ar Dhia cumhachtaí ceilte a nochtadh gan fuath.
2. **Bris comhaontuithe anama** – Tréigean gach nasc spioradálta a dhéantar trí dheasghnátha, altóirí, nó mionnaí labhartha.
3. **Scartha go spioradálta** – Fiú má tá cónaí ort sa teach céanna, is féidir leat **dícheangal go spioradálta** trí urnaí.
4. **Naomhaigh do spás** – Ung gach seomra, réad agus tairseach le hola agus le scrioptúr.

Uirlisí Scrioptúr

- *Míocá 7:5–7* – Ná bíodh muinín agat as do chomharsa
- *Salm 27:10* – "Cé go dtréigfeadh m'athair agus m'mháthair mé…"

- *Lúcás 14:26* – Grá níos mó ag Críost ná ag teaghlach
- *2 Ríthe 11:1–3* – Saoradh i bhfolach ó mháthair bhanríona mharfach
- *Íseáia 54:17* – Ní éireoidh le haon arm a chumtar

Iarratas Grúpa

- Roinn eispéiris inar tháinig freasúra ó laistigh den teaghlach.
- Guígí ar son eagna, misnigh agus grá i bhfianaise fhriotaíocht an teaghlaigh.
- Treoraigh paidir tréigthe ó gach ceangal anama nó mallacht labhartha a dhéanann gaolta.

Uirlisí na hAireachta:

- Ola ungadh
- Dearbhuithe maithiúnais
- paidreacha faoi scaoileadh comhaontaithe
- Clúdach paidir Salm 91

Léargas Príomhúil
Is féidir leis an líne fola a bheith ina beannacht nó ina réimse catha. Tá tú glaoite chun í a fhuascailt, ní chun a bheith faoi smacht aici.

Dialann Machnaimh

- An raibh friotaíocht spioradálta riamh agam ó dhuine a bhí gar dom?
- An bhfuil duine éigin ann a gcaithfidh mé maithiúnas a thabhairt dó — fiú má tá siad fós ag feidhmiú i réimse na draíochta?
- An bhfuilim sásta a bheith curtha ar leithligh, fiú má chosnaíonn sé caidrimh?

Paidir Deighilte & Cosanta
A Athair, admhaím gur féidir leis an bhfreasúra is mó teacht ó na daoine is gaire dom. Maithim do gach ball den teaghlach a oibríonn i gcoinne mo chinniúint, go feasach nó gan a fhios. Brisim gach ceangal anama, mallacht agus conradh a rinneadh trí líne mo theaghlaigh nach n-ailíníonn le do Ríocht. Le

fuil Íosa, naomhaím mo theach agus dearbhaím: maidir liomsa agus le mo theaghlach, déanfaimid freastal ar an Tiarna. Áiméan.

LÁ 21: SPIORAD ISÉABÉIL — MEABHLAÍOCHT, RIALÚ, AGUS IONRÁIL REILIGIÚNACH

"*Ach tá seo agam i do choinne: go nglacann tú leis an mbean Íseibil, a thugann banfháidh uirthi féin. Lena teagasc cuireann sí amú...*" — Apacailipsis 2:20

"*Tiocfaidh a deireadh go tobann, gan leigheas.*" — Seanfhocail 6:15

Bíonn roinnt spioraid ag béicíl ón taobh amuigh.

Bíonn Jezebel ag cogarnaigh ón taobh istigh.

Ní hamháin go mbíonn sí ag mealladh - bíonn sí **ag glacadh seilbhe, ag ionramháil, agus ag truailliú**, ag fágáil aireachtaí briste, póstaí plúchta, agus náisiúin meallta ag éirí amach.

Cad é Spiorad Iósaibéil?

Spiorad Iezebel:

- Déanann sé aithris ar fháistineacht chun daoine a chur amú
- Úsáideann sé draíocht agus mealladh chun smacht a choinneáil
- Fuathaíonn sé fíorúdarás agus cuireann sé fáithe ina dtost
- Cuireann bród i bhfolach taobh thiar de umhlaíocht bhréagach
- Is minic a bhíonn baint aige le ceannaireacht nó leo siúd atá gar di.

Is féidir leis an spiorad seo oibriú trí **fhir nó trí mhná**, agus fásann sé go mór san áit nach leigheastar cumhacht, uaillmhian nó diúltú gan srian.

Léirithe Domhanda

- **An Afraic** – Fáidhíní bréagacha a ionramháileann altóirí agus a éilíonn dílseacht le heagla.
- **An Áise** – Mistigh reiligiúnacha ag meascadh mealladh le fís chun

ciorcail spioradálta a cheansú.
- **An Eoraip** – Athbheoíodh cultacha bandia ársa i gcleachtais na hAoise Nua faoi ainm na cumhachtaithe.
- **Meiriceá Laidineach** – Sagairt Santeria ag rialú teaghlaigh trí "chomhairle spioradálta".
- **Meiriceá Thuaidh** – Tioncharóirí sna meáin shóisialta ag cur "baininscneacht dhiaga" chun cinn agus ag magadh faoi ghéilliúlacht, údarás nó íonacht an Bhíobla.

Fíorscéal: *An Izebel a Shuigh ar an Altóir*

I náisiún Cairibeach, thosaigh eaglais a bhí trí thine ar son Dé ag dul i léig – go mall, go seimh. Thosaigh an grúpa idirghuí a bhíodh ag teacht le chéile le haghaidh paidreacha meán oíche ag scaipeadh. Thit an aireacht óige i scannal. Thosaigh póstaí san eaglais ag teip, agus tháinig neamhchinntiú ar an sagart a bhíodh trí thine agus bhí sé tuirseach go spioradálta.

I lár an scéil bhí bean — **an Siúr R.** Álainn, carismatach, agus flaithiúil, bhí meas mór uirthi. Bhí "focal ón Tiarna" aici i gcónaí agus aisling faoi chinniúint gach duine eile. Thug sí go fial do thionscadail eaglaise agus thuill sí suíochán gar don sagart.

Taobh thiar de na radhairc, rinne sí **clúmhilleadh seafóideach ar mhná eile**, mheall sí sagart sóisearach, agus chuir sí síolta deighilte. Chuir sí í féin i láthair mar údarás spioradálta agus í ag baint an bhoinn den cheannaireacht iarbhír go ciúin.

Oíche amháin, bhí brionglóid bheoga ag cailín déagóra san eaglais — chonaic sí nathair fillte faoin pulpit, ag cogarnaigh isteach sa mhicreafón. Le sceoin, roinn sí é lena máthair a thug chuig an sagart é.

Shocraigh an cheannaireacht **troscadh trí lá a dhéanamh** chun treoir Dé a lorg. Ar an tríú lá, le linn seisiún paidir, thosaigh Siúr R ag déanamh foréigin. Shéid sí, scread sí, agus chuir sí daoine eile i leith draíocht. Lean saoirse chumhachtach ina dhiaidh sin, agus d'admhaigh sí: gur cuireadh tús léi in ord spioradálta ina déagóirí déanacha, agus gur tugadh an tasc di **dul isteach i séipéil chun "a dtine a ghoid"**.

Bhí sí i **gcúig eaglais cheana féin** roimhe seo. Ní raibh sí glórach — ba é **an moladh, an mealladh, smacht mothúchánach**, agus ionramháil fháidhiúil a bhí aici.

Inniu, tá altóir na heaglaise sin atógtha. Tá an pulpit ath-tiomnaithe. Agus an cailín óg déagóirí sin? Is soiscéalaí díograiseach í anois a threoraíonn gluaiseacht paidir na mban.

Plean Gníomhaíochta — Conas Aghaidh a Thabhairt ar Izéibil

1. **Déan aithrí** as aon bhealach ar chomhoibrigh tú le ionramháil, smacht gnéasach, nó bród spioradálta.
2. **Aithnigh** tréithe Íoséibil — moladh, ceannairc, mealladh, fáistineacht bhréagach.
3. **Bris naisc anama** agus comhghuaillíochtaí mínaofa i do phaidir — go háirithe le duine ar bith a tharraingíonn ó ghlór Dé thú.
4. **Dearbhaigh d'údarás** i gCríost. Tá eagla ar Izebel roimh na daoine a bhfuil a fhios acu cé hiad.

Arsenal na Scrioptúr:

- 1 Ríthe 18–21 – Íseibil vs Éilias
- Apacailipsis 2:18–29 – Rabhadh Chríost do Thyatira
- Seanfhocail 6:16–19 – An rud is fuath le Dia
- Galataigh 5:19–21 – Oibreacha na feola

Iarratas Grúpa

- Pléigh: An bhfaca tú ionramháil spioradálta riamh? Conas a chuir sé é féin i bhfolach?
- Mar ghrúpa, dearbhaígí polasaí "gan fhulangas" do Íseibéil — san eaglais, sa bhaile, nó i measc na gceannaireachta.
- Más gá, téigh trí **phaidir shaortha** nó troscadh chun a tionchar a bhriseadh.
- Athchoisrigh aon aireacht nó altóir atá i mbaol.

Uirlisí Aireachta:

Bain úsáid as ola ungadh. Cruthaigh spás le haghaidh admhála agus maithiúnais. Can amhráin adhartha a fhógraíonn **Tiarnas Íosa**.

Léargas Príomhúil

Bíonn Izebel ag fás go maith san áit a **mbíonn an tuiscint íseal** agus **an chaoinfhulaingt ard**. Tagann deireadh lena réimeas nuair a dhúisíonn údarás spioradálta.

Dialann Machnaimh

- An bhfuil mé tar éis ligean don ionramháil mé a threorú?
- An bhfuil daoine nó tionchair ann atá ardaithe agam os cionn guth Dé?
- An bhfuil mo ghlór fáidhiúil curtha ina thost agam as eagla nó as smacht?

Paidir na Saoirse

A Thiarna Íosa, diúltaím do gach comhghuaillíocht le spiorad Izebel. Diúltaím do mhealladh, do rialú, do bhréag-thairngreacht agus do ionramháil. Glan mo chroí ó uabhar, ó eagla agus ó chomhréiteach. Glacaim ar ais m'údarás. Lig do gach altóir a thóg Izebel i mo shaol a bheith leagtha anuas. Cuirim i gcoróin thú, a Íosa, mar Thiarna ar mo chaidrimh, mo ghlao agus mo mhinistreacht. Líon mé le tuiscint agus le misneach. I d'ainm, Áiméan.

LÁ 22: PÍOTÓIN AGUS PAIDREANNA — AG BRISEADH SPIORAD AN TSTRÓCAÍOCHTA

"*Uair amháin nuair a bhíomar ag dul go dtí an áit urnaí, bhuail sclábhaí baineann linn a raibh spiorad Pitón inti...*" — Gníomhartha 16:16
"*Seasfaidh tú ar an leon agus ar an nathair...*" — Salm 91:13

Tá spiorad ann nach ngreimeann - **brúnn sé** .

Múchann sé do thine. Casann sé timpeall do shaol paidreacha, d'anáil, d'adhradh, do smacht - go dtí go dtosaíonn tú ag géilleadh ar a thug neart duit tráth.

Seo spiorad **Python** — fórsa deamhanach a **chuireann srian ar fhás spioradálta, a chuireann moill ar chinniúint, a mhúchtar paidir, agus a ghóchumann tairngreacht** .

Léirithe Domhanda

- **An Afraic** – Feictear spiorad na bpíotóin mar chumhacht fáidhiúil bhréagach, ag feidhmiú i scrínte mara agus foraoise.
- **An Áise** – Adhradh spioraid nathracha mar dhéithe a chaithfear a bheathú nó a mhaolú.
- **Meiriceá Laidineach** – Altóirí nathaireacha Santeria a úsáidtear le haghaidh saibhris, dúil agus cumhachta.
- **An Eoraip** – Siombailí nathracha i mbua-chleasaíocht, i bhfabhar cinniúint agus i gciorcail shíceacha.
- **Meiriceá Thuaidh** – Guthanna "fáidhiúla" góchumtha atá fréamhaithe in éirí amach agus mearbhall spioradálta.

Fianaise: *An Cailín Nárbh fhéidir léi Análú*

Thosaigh Marisol ón gColóim ag fulaingt giorra anála gach uair a chrom sí ar a glúine le guí. Bhíodh a cliabh ag teannadh. Bhí a brionglóidí lán d'íomhánna de nathracha, ag casadh timpeall a muiníl nó ag luí faoina leaba. Ní bhfuair na dochtúirí aon rud cearr ó thaobh na míochaine de.

Lá amháin, d'admhaigh a seanmháthair go raibh Marisol "tiomanta" mar leanbh do spiorad sléibhe a raibh aithne air go raibh cuma nathair air. Ba **"spiorad cosanta"** é, ach bhí costas leis.

Le linn cruinniú fuascailte, thosaigh Marisol ag screadaíl go foréigneach agus lámha á leagan uirthi. Mhothaigh sí rud éigin ag bogadh ina bolg, suas ina cliabhrach, agus ansin amach as a béal cosúil le haer á scaoileadh amach.

Tar éis an teagmhála sin, tháinig deireadh leis an easpa anála. D'athraigh a brionglóidí. Thosaigh sí ag stiúradh cruinnithe paidreacha – an rud céanna a rinne an namhaid iarracht a bhaint aisti tráth.

Comharthaí go bhféadfadh tú a bheith faoi thionchar Spiorad Python

- Tuirse agus troime aon uair a dhéanann tú iarracht guí nó adhradh a dhéanamh
- Mearbhall fáidhiúil nó aislingí mealltacha
- Mothúcháin leanúnacha a bheith tachtaithe, blocáilte nó ceangailte
- Dúlagar nó éadóchas gan chúis shoiléir
- Cailliúint dúil nó spreagtha spioradálta

Plean Gníomhaíochta – Ag Briseadh an Chúngaithe

1. **Déan aithrí** as aon bhaint atá ag daoine le hocras, síceolaíocht nó sinsir.
2. **Dearbhaigh gur le Dia amháin atá do chorp agus do spiorad.**
3. **Troscadh agus cogadh** ag baint úsáide as Íseáia 27:1 agus Salm 91:13.
4. **Ung do scornach, do bhrollach agus do chosa** — ag éileamh saoirse labhairt, análú agus siúl san fhírinne.

Scrioptúir Saoirse:

- Gníomhartha 16:16–18 – Díbríonn Pól an spiorad píotóin amach

- Íseáia 27:1 – Pionósaíonn Dia Leviathan, an nathair atá ag teitheadh
- Salm 91 – Cosaint agus údarás
- Lúcás 10:19 – Cumhacht chun nathracha agus scairpeanna a shaltairt

IARRATAS GRÚPA

- Fiafraigh: Cad atá ag tachtadh ár saol paidreacha — go pearsanta agus go corparáidí?
- Treoraigh paidir análaithe grúpa — ag dearbhú **anáil Dé** (Ruach) thar gach ball.
- Bris gach tionchar fáidhiúil bréagach nó brú cosúil le nathair in adhradh agus in idirghuí.

Uirlisí Aireachta: Adhradh le fliúit nó ionstraimí anála, gearradh siombalach rópaí, scaifeanna paidir le haghaidh saoirse análaithe.

Léargas Príomhúil

Tachtaíonn spiorad na bPíotóin an rud is mian le Dia a bhreith. Caithfear aghaidh a thabhairt air chun d'anáil agus do mhisneach a fháil ar ais.

Dialann Machnaimh

- Cathain a mhothaigh mé go hiomlán saor i mo phaidir go deireanach?
- An bhfuil comharthaí tuirse spioradálta ann a bhfuil neamhaird á déanamh agam orthu?
- An bhfuil glactha agam gan fhios dom le "comhairle spioradálta" a chuir níos mó mearbhaill orm?

Paidir na Saoirse

A Athair, in ainm Íosa, brisim gach spiorad cúngaithe atá ceaptha chun mo chuspóir a mhúchadh. Tréigim spiorad na bpíotóin agus gach guth fáidhiúil bréagach. Glacaim anáil do Spioraid agus dearbhaím: Análaim go saor, guím go dána, agus siúlfaidh mé go díreach. Gearrtar amach agus teilgtear amach gach nathair atá fillte timpeall mo shaol. Faighim saoradh anois. Áiméan.

LÁ 23: RÍOCHÁIN NA hAOIRSE — AG LEAGADH DAINGEANNA CRÍCHE

"*An mbeidh comhluadar agat ag ríchathaoir na héagóra, a cheapann olc de réir dlí?*" — Salm 94:20

"*Ní i gcoinne fola agus feola atáimid ag gleacaíocht, ach i gcoinne... rialóirí an dorchadais...*" — Eifeasaigh 6:12

ríchathaoireacha dofheicthe ann — atá bunaithe i gcathracha, i náisiúin, i dteaghlaigh, agus i gcórais — áit a **rialaíonn** cumhachtaí deamhanacha go dleathach trí chomhaontuithe, reachtaíocht, íoladhradh, agus éirí amach fada.

Ní ionsaithe randamacha iad seo. Is **údaráis ríoga iad seo**, atá fréamhaithe go domhain i struchtúir a chothaíonn an t-olc ó ghlúin go glúin.

Go dtí go ndéanfar na ríchathaoireacha seo **a dhíchóimeáil go spioradálta**, leanfaidh timthriallta an dorchadais ar aghaidh - is cuma cé mhéad paidir a ofráiltear ar an dromchla.

Daingneáin agus Ríchathaoireacha Domhanda

- **An Afraic** – Ríoga draíochta i línte fola ríoga agus i gcomhairlí traidisiúnta.
- **An Eoraip** – Ríoga na seictéarachais, na saormháisiúineachta, agus an éirí amach dleathach.
- **An Áise** – Ríchathaoireacha adhradh íol i dteampaill shinsearacha agus i ríshliochtaí polaitiúla.
- **Meiriceá Laidineach** – Ríoga na sceimhlitheoireachta narco, cultacha báis, agus éillithe.
- **Meiriceá Thuaidh** – Ríoga claontachta, ginmhillte, agus leatrom ciníoch.

Bíonn tionchar ag na ríchathaoireacha seo ar chinntí, cuireann siad an fhírinne faoi chois, agus **slogann siad cinniúint** .

Fianaise: *Saoradh Comhairleora Cathrach*

I gcathair i nDeisceart na hAfraice, fuair comhairleoir Críostaí nua-thofa amach go raibh gach sealbhóir oifige roimhe imithe ar mire, colscartha, nó básaithe go tobann.

Tar éis laethanta paidreacha, nocht an Tiarna **ríchathaoir íobairt fola** a bhí curtha faoin bhfoirgneamh bardasach. Bhí geasa curtha ag feasaí áitiúil fadó mar chuid d'éileamh críochach.

Bhailigh an comhairleoir idirghuítheoirí, rinne sé troscadh, agus reáchtáil sé adhradh ag meán oíche taobh istigh de sheomraí na comhairle. Thar thrí oíche, thuairiscigh baill foirne screadaíl aisteach sna ballaí, agus mhoillig an cumhacht.

Laistigh de sheachtain, thosaigh na hadmhálacha. Nochtadh conarthaí éillithe, agus laistigh de mhíonna, bhí feabhas tagtha ar sheirbhísí poiblí. Bhí an ríchathaoir tite.

Plean Gníomhaíochta – Deireadh a Chur leis an Dorchadas

1. **Aithin an ríchathaoir** — iarr ar an Tiarna daingne críochacha a thaispeáint duit i do chathair, d'oifig, do líne fola, nó do réigiún.
2. **Déan aithrí ar son na talún** (idirghuí stíl Dháinéil 9).
3. **Adhradh go straitéiseach** — titeann ríchathaoireacha as a chéile nuair a ghlacann glóir Dé seilbh (féach 2 Croinic 20).
4. **Dearbhaigh ainm Íosa** mar an t-aon Rí fíor ar an bhfearann sin.

Scrioptúir Ancaire:

- Salm 94:20 – Ríoga na héagóra
- Eifeasaigh 6:12 – Rialtóirí agus údaráis
- Íseáia 28:6 – Spiorad an cheartais dóibh siúd a théann i mbun catha
- 2 Ríthe 23 – Scriosann Ióisíá altóirí agus ríchathaoireacha íodalacha

RANNPHÁIRTÍOCHT GHRÚPA

- Déan seisiún "léarscáil spioradálta" de do chomharsanacht nó de do chathair.
- Fiafraigh: Cad iad na timthriallta peaca, pianta, nó leatromacha anseo?
- Ceap "faireoirí" chun guí go seachtainiúil ag príomhshuíomhanna geataí: scoileanna, cúirteanna, margaí.
- Foraithníonn an grúpa ceannaireachta i gcoinne rialóirí spioradálta ag baint úsáide as Salm 149:5–9.

Uirlisí Aireachta: Shofars, léarscáileanna cathrach, ola olóige le haghaidh coisricthe talún, treoracha siúil paidreacha.

Léargas Príomhúil

Más mian leat claochlú a fheiceáil i do chathair, **ní mór duit dúshlán a thabhairt don ríchathaoir atá taobh thiar den chóras** — ní hamháin don aghaidh os a chomhair.

Dialann Machnaimh

- An bhfuil cathanna athfhillteacha i mo chathair nó i mo theaghlach a bhraitheann níos mó ná mise?
- An bhfuair mé cath mar oidhreacht i gcoinne ríchathaoir nár chuir mé i ríchathaoir?
- Cé na "rialóirí" is gá a bhaint de shuíochán na paidreoireachta?

Paidir an Chogaidh

A Thiarna, nocht gach ríchathaoir éagóra atá i réim ar mo chríoch. Dearbhaím ainm Íosa mar an t-aon Rí amháin! Lig do gach altóir, dlí, conradh, nó cumhacht i bhfolach a chuireann dorchadas i bhfeidhm a bheith scaipthe le tine. Glacaim mo áit mar idirghuí. Le fuil an Uain agus le focal mo fhianaise, leagaim síos ríchathaoireacha agus cuirim Críost i gcoróin ar mo theach, mo chathair, agus mo náisiún. In ainm Íosa. Áiméan.

LÁ 24: BLÚITHE ANAM — NUAIR A BHÍONN CODANNA DÍOT AR IARRAIDH

"*Athchóiríonn sé m'anam...*" — Salm 23:3
"*Leighisfidh mé do chréachtaí, a deir an Tiarna, mar tugtar "díbeartha" ort...*" — Irimia 30:17

Is féidir le tráma an t-anam a bhriseadh. Mí-úsáid. Diúltú. Feall. Eagla tobann. Brón fada. Ní hamháin go bhfágann na heispéiris seo cuimhní cinn - **bristeann siad do dhuine istigh**.

Siúlann go leor daoine timpeall ag breathnú slán ach ina gcónaí le **píosaí díobh féin ar iarraidh**. Tá a n-áthas scoilte. Tá a bhféiniúlacht scaipthe. Tá siad gafa i gcriosanna ama mothúchánacha - cuid acu sáite i stair phianmhar, agus an corp ag dul in aois ag dul ar aghaidh.

blúirí anama iad seo — codanna de do fhéin mhothúchánach, shíceolaíoch agus spioradálta atá briste de bharr tráma, cur isteach deamhanach nó ionramháil draíochta.

Go dtí go mbailítear, go leigheastar agus go n-athchomhtháthúr na píosaí sin trí Íosa, **fanann fíor-shaoirse dodhéanta a bhaint amach**.

Cleachtais Ghoid Anama Domhanda

- **An Afraic** – Dochtúirí cailleach ag gabháil "croílár" daoine i bprócaí nó i scátháin.
- **An Áise** – Deasghnátha gaiste anama ag gurus nó cleachtóirí tantric.
- **Meiriceá Laidineach** - Scoilteadh anama seamánach ar mhaithe le rialú nó mallachtaí.
- **An Eoraip** – Draíocht scátháin occult a úsáidtear chun céannacht a bhriseadh nó fabhar a ghoid.
- **Meiriceá Thuaidh** – Is minic a chruthaíonn tráma ó mhí-úsáid,

ginmhilleadh, nó mearbhall céannachta créachta doimhne anama agus ilroinnt.

Scéal: *An Cailín Nár Féidir Leat Mothú*

Bhí Andrea, 25 bliain d'aois as an Spáinn, tar éis mí-úsáid a fhulaingt ar feadh na mblianta ó bhall teaghlaigh. Cé gur ghlac sí le hÍosa, d'fhan sí gan mothúcháin. Ní raibh sí in ann caoineadh, grá a thabhairt, ná comhbhá a mhothú.

D'fhiafraigh ministir cuairte ceist aisteach di: "Cá bhfuair tú do lúcháir?" Agus Andrea ag dúnadh a súile, chuimhnigh sí ar a bheith 9 mbliana d'aois, fillte i gclóisín, ag rá léi féin, "Ní bheidh mé ag mothú arís choíche."

Ghuigh siad le chéile. Mhaith Andrea, thréig sí a gealltanais inmheánacha, agus thug sí cuireadh d'Íosa teacht isteach sa chuimhne shonrach sin. Ghuil sí gan smacht den chéad uair le blianta. An lá sin, **athchóiríodh a hanam**.

Plean Gníomhaíochta – Aisghabháil Anama & Cneasú

1. Fiafraigh den Spiorad Naomh: *Cá ndearna mé cuid díom féin a chailleadh?*
2. Maith d'aon duine a bhí páirteach sa nóiméad sin, agus **tréig gealltanais inmheánacha** ar nós "Ní bheidh muinín agam ionam arís choíche."
3. Tabhair cuireadh do Íosa isteach sa chuimhne, agus labhair cneasú isteach sa nóiméad sin.
4. Guigh: *"A Thiarna, athbhunaigh m'anam. Glaoim ar gach píosa díom filleadh agus a bheith slán."*

Príomhscríbhinní:

- Salm 23:3 – Athbhunaíonn sé an t-anam
- Lúcás 4:18 – Leigheas na ndaoine briste croí
- 1 Teasalónaigh 5:23 – Spiorad, anam agus corp caomhnaithe
- Irimia 30:17 – Leigheas do dhíbirt agus do chréachtaí

Iarratas Grúpa

- Treoraigh baill trí **seisiún paidre cneasaithe inmheánaigh threoraithe** .
- Fiafraigh: *An bhfuil tráthanna i do shaol inar stop tú ag muinín, ag mothú, nó ag brionglóid?*
- Déan rólghlacadh ar "filleadh ar an seomra sin" le hÍosa agus féachaint air ag leigheas an chréachta.
- Go leag ceannairí iontaofa a lámha go réidh ar chinn agus go ndearbhódh siad athchóiriú anama.

Uirlisí Aireachta: Ceol adhartha, soilsiú bog, fíocháin, leideanna dialainne.

Léargas Príomhúil

Ní hamháin deamhain a chaitheamh amach atá i gceist le saoirse. Is é atá i gceist **ná na píosaí briste a bhailiú agus féiniúlacht a athbhunú** .

Dialann Machnaimh

- Cad iad na himeachtaí trámacha a rialaíonn mo smaointeoireacht nó mo mhothúcháin fós inniu?
- An ndúirt mé riamh, "Ní bheidh grá agam arís choíche," nó "Ní féidir liom muinín a bheith agam as aon duine a thuilleadh"?
- Cén chuma atá ar "iomláine" domsa — agus an bhfuilim réidh di?

PAIDIR ATHCHÓIRITHE

A Íosa, is tusa Aoire m'anama. Tugann mé chugat gach áit inar scriosadh mé — ag eagla, náire, pian, nó feall. Brisim gach móid agus mallacht inmheánach a labhraíodh i dtráma. Maithim dóibh siúd a ghortaigh mé. Anois, iarraim ar gach píosa de m'anam filleadh. Athchóirigh mé go hiomlán — spiorad, anam, agus corp. Níl mé briste go deo. Táim iomlán ionat. In ainm Íosa. Áiméan.

LÁ 25: MALLACHT LEANAÍ AISTEACHA — NUAIR A MHALARTAR CINNIDÍ AG AN mBREITH

"*Is clann aisteach a gclann: anois íosfaidh mí iad lena gcuid.*" — Hóisé 5:7
"*Sular chruthaigh mé thú sa bhroinn, bhí aithne agam ort...*" — Irimia 1:5

Ní raibh gach leanbh a rugadh i dteach ceaptha don teach sin.
Níl gach leanbh a bhfuil do ADN aige ag iompar d'oidhreachta.

Tá an namhaid ag úsáid **breith mar réimse catha le fada an lá** — ag malartú cinniúint, ag cur sliocht bréige, ag tabhairt isteach comhaontuithe dorcha do leanaí, agus ag cur isteach ar bhroinn sula dtosaíonn an coincheap fiú.

Ní fadhb fhisiciúil amháin atá ann. Is **idirbheart spioradálta é** — lena n-áirítear altóirí, íobairtí, agus dlíthiúlachtaí deamhanacha.

Cad is Leanaí Aisteach ann?
Is iad seo a leanas "leanaí aisteacha":

- Leanaí a rugadh trí dhúthracht occult, deasghnátha nó comhaontuithe gnéis.
- Malartaítear sliocht ag breith (go spioradálta nó go fisiciúil).
- Páistí a bhfuil tascanna dorcha á n-iompar acu isteach i dteaghlach nó i sinsearacht.
- Anamacha a gabhadh sa bhroinn trí dhraíocht, necromancy, nó altóirí glúnta.

Fásann go leor páistí aníos i gceannairc, andúil, fuath dá dtuismitheoirí nó dá bhféin — ní hamháin mar gheall ar dhroch-thuismitheoireacht ach mar gheall ar **cé a d'éiligh iad go spioradálta ag am breithe**.

LÉIRITHE DOMHANDA

- **An Afraic** – Malartuithe spioradálta in ospidéil, truailliú broinne trí spioraid mhara nó gnéas deasghnátha.
- **An India** – Tugtar tús áite do leanaí i dteampaill nó i gcinniúint atá bunaithe ar karma roimh bhreith.
- **Háítí & Meiriceá Laidineach** – Tiomantas Santeria, leanaí a gineadh ar altóirí nó i ndiaidh geasa.
- **Náisiúin an Iarthair** – cleachtais IVF agus máthairionadaíochta a bhíonn ceangailte uaireanta le conarthaí occult nó le sliocht deontóra; ginmhilleadh a fhágann doirse spioradálta ar oscailt.
- **Cultúir Dhúchasacha ar fud an Domhain** – Searmanais ainmniúcháin spiorad nó aistrithe céannachta tóitéamacha.

Scéal: *An Leanbh leis an Spiorad Mícheart*

D'inis Clara, altra as Uganda, faoi mar a thug bean a nuabheirthe chuig cruinniú paidir. Bhí an leanbh ag screadaíl i gcónaí, ag diúltú bainne, agus ag freagairt go foréigneach don phaidir.

Nocht focal fáidhiúil gur "malartú" an leanbh sa spiorad nuair a rugadh é. D'admhaigh an mháthair gur ghuigh dochtúir draíochta os cionn a bolg agus í ag iarraidh leanbh a bheith aici.

Trí aithrí agus paidreacha diana saoirse, chuaigh an leanbh bacach, ansin síochánta. D'éirigh go geal leis an leanbh ina dhiaidh sin — ag taispeáint comharthaí síochána agus forbartha athchóirithe.

Ní bhíonn gach galar i leanaí nádúrtha. Is **sannadh ón gcoincheap cuid acu**.

Plean Gníomhaíochta – Cinniúint na Broinne a Athghabháil

1. Más tuismitheoir thú, **tiomnaigh do leanbh as an nua d'Íosa Críost**.
2. Tréigean aon mhallachtaí, tiomantais nó conradh réamhbhreithe — fiú iad a rinne sinsir gan a fhios dóibh.
3. Labhair go díreach le spiorad do linbh i do phaidir: *"Is le Dia thú. Tá*

do chinniúint ar ais."
4. Mura bhfuil clann agat, guí os cionn do bhroinne, ag diúltú do gach cineál ionramháil nó cur isteach spioradálta.

Príomhscríbhinní:

- Hóisé 9:11–16 – Breithiúnas ar shíol coimhthíoch
- Íseáia 49:25 – Ag troid ar son do chlann
- Lúcás 1:41 – Clann lán den Spiorad ón mbroinn
- Salm 139:13–16 – Dearadh intinneach Dé sa bhroinn

Rannpháirtíocht Ghrúpa

- Iarr ar thuismitheoirí ainmneacha nó grianghraif dá bpáistí a thabhairt leo.
- Dearbhaigh os cionn gach ainm: "Tá céannacht do linbh ar ais. Tá gach lámh neamhghnách gearrtha de."
- Guígí ar son glanadh spioradálta broinne do gach bean (agus d'fhir mar iompróirí spioradálta síl).
- Bain úsáid as an gcomaoineach chun siombail a dhéanamh d'athghabháil chinniúint na fola.

Uirlisí Aireachta: Comaoineach, ola ungadh, ainmneacha clóite nó earraí leanbh (roghnach).

Léargas Príomhúil

Díríonn Sátan ar an mbroinn mar **is ann a mhúnlaítear fáithe, laochra agus cinniúint**. Ach is féidir gach leanbh a athghabháil trí Chríost.

Dialann Machnaimh

- An raibh brionglóidí aisteacha agam riamh le linn toirchis nó i ndiaidh breithe?
- An bhfuil mo pháistí ag streachailt ar bhealaí a bhfuil cuma neamhnádúrtha orthu?
- An bhfuil mé réidh chun aghaidh a thabhairt ar bhunús spioradálta éirí amach nó moille glúnta?

Paidir Athghabhála

A Athair, tugaim mo bhroinn, mo shíol, agus mo chlann chuig d'altóir. Déanaim aithrí as aon doras - aitheanta nó anaithnid - a thug rochtain don namhaid. Brisim gach mallacht, tiomantas, agus sannadh deamhanach atá ceangailte le mo chlann. Labhraím os a gcionn: Tá sibh naofa, roghnaithe, agus séalaithe do ghlóir Dé. Tá bhur gcinniúint fuascailte. In ainm Íosa. Áiméan.

LÁ 26: ALTAR CUMHACHTA I bhFOLACH — AG BRISEADH SAOR Ó CHONARTHAÍ OCCULTACHA MIONLAITHE

"*Arís, thug an diabhal leis é go sliabh an-ard agus thaispeáin sé dó ríocht an domhain uile agus a nglóir. 'Tabharfaidh mé seo go léir duit,' a dúirt sé, 'má chrom tú síos agus má adhraíonn tú mé.'"* — Maitiú 4:8–9

Ceapann go leor nach bhfuil cumhacht Shatanach le fáil ach i ndeasghnátha cúlseomra nó i sráidbhailte dorcha. Ach tá cuid de na comhaontuithe is contúirtí i bhfolach taobh thiar de chulaith snasta, clubanna mionlach, agus tionchar ilghlúine.

altóirí cumhachta iad seo — arna bhfoirmiú ag mionnaí fola, tionscnaimh, siombailí rúnda, agus geallentais labhartha a cheanglaíonn daoine aonair, teaghlaigh, agus fiú náisiúin iomlána le ceannas Lucifer. Ó Shaor-Mháisiúnacht go deasghnátha Kabbalistic, ó thionscnaimh réalta an Oirthir go scoileanna rúndiamhair ársa na hÉigipte agus na Bablóine — geallann siad soilsiú ach seachadann siad daoirse.

Naisc Dhomhanda

- **An Eoraip & Meiriceá Thuaidh** – Saormhaisiúnacht, Roisicruisceachas, Ord an Bhreacadh Órga, Skull & Bones, Boihéamian Grove, tionscnaimh Kabbalah.
- **An Afraic** – Comhaontuithe fola polaitiúla, margaí le spiorad sinsearach le haghaidh ceannasachta, comhghuaillíochtaí draíochta ardleibhéil.
- **An Áise** – Cumann soilsithe, comhaontuithe spiorad dragan, ríshliochtaí fola ceangailte le draíocht ársa.

- **Meiriceá Laidineach** – Santeria polaitiúil, cosaint dheasghnátha nasctha le cairtéil, comhaontuithe déanta ar mhaithe le rath agus díolúine.
- **An Meánoirthear** – Deasghnátha ársa Bablóineacha agus Asiriacha a tugadh anuas faoi chuma reiligiúnach nó ríoga.

Fianaise – Garmhac Saormháisiúin aimsíonn Saoirse

Tógadh Carlos i dteaghlach tioncharach san Airgintín, agus ní raibh a fhios aige riamh go raibh an 33ú céim den tSaormháisúnacht bainte amach ag a sheanathair. Bhí léirithe aisteacha ag cur as dá shaol — pairilis codlata, sabaitéireacht chaidrimh, agus neamhábaltacht leanúnach dul chun cinn a dhéanamh, is cuma cé chomh crua agus a rinne sé iarracht.

Tar éis dó freastal ar theagasc saortha a nocht naisc rúnda mionlach, thug sé aghaidh ar stair a theaghlaigh agus fuair sé ríoga maosónach agus dialann fholaithe. Le linn troscadh meán oíche, thréig sé gach conradh fola agus dhearbhaigh sé saoirse i gCríost. An tseachtain sin féin, fuair sé an dul chun cinn poist a raibh sé ag fanacht air le blianta.

Cruthaíonn altóirí ardleibhéil freasúra ardleibhéil — ach labhraíonn **fuil Íosa** níos airde ná aon mhionn nó deasghnáth.

Plean Gníomhaíochta – Nochtadh an Teach Folaithe

1. **Imscrúdú**: An bhfuil cleamhnachtaí maosónacha, esotericeacha nó rúnda i do shliocht fola?
2. **Tréigean** gach conradh aitheanta agus anaithnid ag baint úsáide as dearbhuithe bunaithe ar Mhatha 10:26–28.
3. **Dóigh nó bain** aon siombailí occult: pirimidí, súile uilefheiceálacha, compáis, oibiliscí, fáinní, nó róbaí.
4. **Guí os ard**:

"Brisim gach comhaontú ceilte le cumainn rúnda, le cultacha solais, agus le bráithreachais bhréagacha. Ní dhéanaim ach freastal ar an Tiarna Íosa Críost."

Iarratas Grúpa

- Iarr ar na baill aon cheangail occult mionlach ar a bhfuiltear ag súil leo nó a bhfuil amhras fúthu a scríobh síos.

- Déan **gníomh siombalach de ghearradh ceangail** — páipéir a stróiceadh, íomhánna a dhó, nó a n-éadan a ungadh mar shéala scartha.
- Bain úsáid as **Salm 2** chun briseadh comhcheilge náisiúnta agus teaghlaigh i gcoinne ungtha an Tiarna a dhearbhú.

Léargas Príomhúil

Is minic a bhíonn greim is mó Shátain faoi cheilt i rúndacht agus i gcáil. Tosaíonn fíorshaoirse nuair a nochtann tú, a thréigeann tú, agus a chuireann tú adhradh agus fírinne ina n-áit.

Dialann Machnaimh

- An bhfuil saibhreas, cumhacht nó deiseanna oidhreachta agam a bhraitheann "as a riocht" go spioradálta?
- An bhfuil naisc rúnda i mo shinsearacht atá neamhaird déanta agam orthu?
- Cad a chosnóidh sé dom rochtain mhídhiaga ar chumhacht a ghearradh — agus an bhfuil mé sásta?

Paidir na Saoirse

A Athair, tagaim amach as gach lóiste, altóir agus comhaontú i bhfolach — i mo ainm féin nó thar ceann mo shliocht fola. Gearraim gach ceangal anama, gach ceangal fola agus gach mionn a tugadh go feasach nó gan fhios dom. A Íosa, is tusa mo Sholas amháin, mo Fhírinne amháin, agus mo chlúdach amháin. Lig do do thine gach nasc neamhdhiaga le cumhacht, tionchar nó meabhlaireacht a dhó. Faighim saoirse iomlán, in ainm Íosa. Áiméan.

LÁ 27: COMHGHUIRTHE NEAMHNAOMHA — SAORMHAISNEACHT, ILLUMINATI & INSÍOTHADH SPIORADÁIL

"*Ná bíodh baint ar bith agaibh le gníomhartha gan toradh an dorchadais, ach nochtaigh iad.*" — Eifeasaigh 5:11
"*Ní féidir libh cupán an Tiarna a ól agus cupán na ndeamhan freisin.*" — 1 Corantaigh 10:21

Tá cumainn rúnda agus líonraí domhanda ann a chuireann iad féin i láthair mar eagraíochtaí bráithreacha neamhdhíobhálacha — ag tairiscint carthanachta, ceangail, nó soilsiúcháin. Ach taobh thiar den imbhalla tá mionnaí níos doimhne, deasghnátha fola, naisc anama, agus sraitheanna de dhochtúir Luciferianach atá clúdaithe le "solas".

Ní clubanna sóisialta amháin iad an tSaor-Mhaisiúnacht, an Illuminati, Eastern Star, Skull and Bones, agus a líonraí deirfiúracha. Is altóirí dílseachta iad - cuid acu ag dul siar na céadta bliain - atá deartha chun ionramh spioradálta a dhéanamh ar theaghlaigh, ar rialtais, agus fiú ar eaglaisí.

Lorg Domhanda

- **Meiriceá Thuaidh & an Eoraip** – Teampaill Shaormháisiúineachta, lóisteanna Deasghnátha na hAlban, Cloigeann agus Cnámha Yale.
- **An Afraic** – Tionscnaimh pholaitiúla agus ríoga le deasghnátha maosónacha, comhaontuithe fola le haghaidh cosanta nó cumhachta.
- **An Áise** – scoileanna Kabbalah faoi cheilt mar shoilsiú mistéireach, deasghnátha rúnda mainistreacha.
- **Meiriceá Laidineach** – Orduithe mionlach ceilte, chumasc Santeria le tionchar mionlach agus comhaontuithe fola.

- **An Meánoirthear** – Cumainn rúnda Sean-Bhabilónacha ceangailte le struchtúir chumhachta agus adhradh solais bhréagaigh.

IS MINIC A DHÉANANN na líonraí seo na rudaí seo a leanas:

- Éiligh fuil nó mionnaí labhartha.
- Bain úsáid as siombailí occult (compáis, pirimidí, súile).
- Searmanais a reáchtáil chun anam duine a ghairm nó a thiomnú d'ord.
- Deonaigh tionchar nó saibhreas in ionad smacht spioradálta.

Fianaise – Admháil Easpaig

D'admhaigh easpag in Oirthear na hAfraice os comhair a eaglaise gur chuaigh sé isteach sa tSaor-Mháisiúnacht tráth ar leibhéal íseal le linn na hollscoile — ar mhaithe le "naisc" amháin. Ach de réir mar a d'ardaigh sé trí na céimeanna, thosaigh sé ag tabhairt faoi deara ceanglais aisteacha: mionn tost, searmanais le dallóga agus siombailí, agus "solas" a chuir fuar ar a shaol paidreacha. Stop sé ag brionglóid. Ní raibh sé in ann an Scrioptúr a léamh.

Tar éis aithrí a dhéanamh agus gach céim agus gealltanas a cháineadh go poiblí, d'éirigh an ceo spioradálta as. Sa lá atá inniu ann, seanmóiríonn sé Críost go dána, ag nochtadh a raibh baint aige leis tráth. Bhí na slabhraí dofheicthe - go dtí gur briseadh iad.

Plean Gníomhaíochta – Ag Briseadh Tionchar na Saormháisiúineachta & na Sochaí Rúnda

1. **Aithin** aon bhaint phearsanta nó teaghlaigh le Saormháisúnacht, Rosicrucianism, Kabbalah, Skull and Bones, nó orduithe rúnda dá samhail.
2. **Tréig gach leibhéal nó céim tionscnaimh**, ón 1ú go dtí an 33ú nó níos airde, lena n-áirítear gach deasghnáth, comharthaí agus mionn. (Is féidir leat treoraithe diúltaithe saortha a fháil ar líne.)
3. **Guí le húdarás**:

"Brisim gach ceangal anama, conradh fola, agus mionn a tugadh do chumainn rúnda — uaimse nó thar mo cheann. Éilím m'anam ar ais ar son Íosa Críost!"

1. **Scrios míreanna siombalacha** : ríoga, leabhair, teastais, fáinní, nó íomhánna frámaithe.
2. **Dearbhaigh** saoirse ag baint úsáide as:
   - *Galataigh 5:1*
   - *Salm 2:1–6*
   - *Íseáia 28:15–18*

Iarratas Grúpa

- Iarr ar an ngrúpa a súile a dhúnadh agus iarr ar an Spiorad Naomh aon cleamhnachtaí rúnda nó naisc teaghlaigh a nochtadh.
- Tréigean corparáideach: téigh trí phaidir chun gach ceangal aitheanta nó anaithnid le horduithe mionlach a cháineadh.
- Bain úsáid as an gcomhchuibheas chun an briseadh a shéalú agus comhaontuithe a ath-ailíniú le Críost.
- Ung cinn agus lámha — ag athbhunú soiléireachta intinne agus oibreacha naofa.

Léargas Príomhúil

Rud a thugann an domhan "uasaicme" air, d'fhéadfadh Dia gráine a thabhairt air. Ní naofa gach tionchar – agus ní Solas gach solas. Níl a leithéid de rud ann agus rúndacht neamhdhíobhálach nuair a bhaineann sé le mionnaí spioradálta.

Dialann Machnaimh

- An raibh mé mar chuid d'orduithe rúnda nó de ghrúpaí soilsithe mistéireacha, nó an raibh fiosracht orm fúthu?
- An bhfuil fianaise ann ar dhaille spioradálta, ar mharbhántacht, nó ar fhuacht i mo chreideamh?
- An gá dom aghaidh a thabhairt ar rannpháirtíocht teaghlaigh le misneach agus le grásta?

Paidir na Saoirse

A Thiarna Íosa, tagaim os do chomhair mar an t-aon fhíorsholas. Tréigim gach ceangal, gach mionn, gach solas bréagach, agus gach ordú ceilte a éilíonn mé. Gearraim amach Saormháisúnacht, cumainn rúnda, bráithreachais ársa, agus gach ceangal spioradálta atá nasctha leis an dorchadas. Dearbhaím go bhfuilim faoi fhuil Íosa amháin - séalaithe, saor, agus saor. Lig do do Spiorad gach iarmhar de na comhaontuithe seo a dhó. In ainm Íosa, amen.

LÁ 28: CABBALAH, EANGACHA FUINNIMH & MEALLTACHT AN "TSOLAIS" MISTÉIREACH

"Óir tá Sátan féin ag ligean air féin gur aingeal solais é." — 2 Corantaigh 11:14

"An solas ionat is dorchadas é—nach domhain an dorchadas sin!" — Lúcás 11:35

I ré atá faoi dhraíocht ag soilsiú spioradálta, tá go leor daoine, gan a fhios dóibh, ag dul i ngleic le cleachtais ársa Kabbalistic, cneasú fuinnimh, agus teagasc solais mistéireach atá fréamhaithe i ndochtúirí occult. Is minic a bhíonn na teagasc seo ag ligean orthu féin gur "misteachas Críostaí", "eagna Giúdach", nó "spioradáltacht bunaithe ar eolaíocht" iad - ach is as Babilóin a thagann siad, ní as Síon.

Ní córas fealsúnachta Giúdach amháin atá sa Kabbalah; is maitrís spioradálta é atá bunaithe ar chóid rúnda, ar emanáidí diaga (Sefirot), agus ar chosáin esoteric. Is é an meabhlaireacht mhealltach chéanna atá taobh thiar de tarot, uimhreolaíocht, tairseacha stoidiaca, agus eangacha Nua-Aois.

Caithfidh go leor daoine cáiliúla, tioncharóirí, agus móra gnó sreangáin dhearg, déanann siad machnamh le fuinneamh criostail, nó leanann siad an Zohar gan a fhios acu go bhfuil siad páirteach i gcóras dofheicthe gaiste spioradálta.

Ceangal Domhanda

- **Meiriceá Thuaidh** – Ionaid Kabbalah faoi cheilt mar spásanna folláine; machnaimh fuinnimh threoraithe.
- **An Eoraip** – Cabhalá Druideach agus Críostaíocht esoteric a mhúintear in orduithe rúnda.
- **An Afraic** – Cultacha rathúnais ag meascadh scrioptúr le

huimhreolaíocht agus tairseacha fuinnimh.
- **An Áise** – Athbhrandáladh leigheas chakra mar "gníomhachtú solais" ailínithe le cóid uilíocha.
- **Meiriceá Laidineach** – Naoimh measctha le hardaingil Chabbalacha sa Chaitliceachas mistéireach.

Seo mealladh an tsolais bhréagaigh — áit a n-éiríonn an t-eolas ina dhia agus an soilsiú ina phríosún.

Fíorfhianaise – Ag Éalú ón "Gaiste Solais"

Shíl Marisol, cóitseálaí gnó as Meiriceá Theas, go raibh fíor-eagna aici trí uimhreolaíocht agus "sreabhadh fuinnimh diaga" ó mheantóir Cabbalach. Tháinig beocht ina brionglóidí, géar a fís. Ach a síocháin? Imithe. A caidrimh? Ag titim as a chéile.

Fuair sí í féin á céasadh ag créatúir scáthacha ina codladh, in ainneoin a "paidreacha éadroma" laethúla. Sheol cara fianaise físe chuici ó iar-mhisteach a casadh le hÍosa. An oíche sin, ghlaoigh Marisol ar Íosa. Chonaic sí solas bán dall - ní mistéireach, ach íon. D'fhill an tsíocháin. Scrios sí a hábhair agus thosaigh sí ar a turas saoirse. Sa lá atá inniu ann, ritheann sí ardán meantóireachta Críost-lárnaithe do mhná atá gafa i meabhlaireacht spioradálta.

Plean Gníomhaíochta – Tréigean Soilsiú Bréagach

1. **Déan iniúchadh ar** do nochtadh: An léigh tú leabhair mhistéireacha, an ndearna tú cleachtadh ar leigheas fuinnimh, an lean tú horoscóip, nó an gcaith tú sreanga dearga?
2. **Déan aithrí** as solas a lorg lasmuigh de Chríost.
3. **Bris naisc** le:
    - Teagasc Kabbalah/Zohar
    - Leigheas fuinnimh nó gníomhachtú solais
    - Glaonna aingeal nó díchódú ainmneacha
    - Geoiméadracht naofa, uimhreolaíocht, nó "cóid"
4. **Guí os ard** :

"A Íosa, is tusa Solas an domhain. Tréigim gach solas bréagach, gach teagasc occult, agus gach gaiste mistéireach. Fillim ort mar mo fhoinse fírinne amháin!"

1. **Scrioptúir le Dearbhú :**
    - Eoin 8:12
    - Deotranaimí 18:10–12
    - Íseáia 2:6
    - 2 Corantaigh 11:13–15

Iarratas Grúpa

- Fiafraigh: An raibh tú (nó do theaghlach) riamh páirteach i dteagasc na hAoise Nua, uimhreolaíochta, Kabbalah, nó "solais" mistéireach, nó an raibh tú nochtaithe dóibh?
- Tréigean grúpa ar sholas bréagach agus ath-thiomnadh d'Íosa mar an t-aon Solas.
- Bain úsáid as íomhánna salainn agus solais — tabhair pinch salainn agus coinneal do gach rannpháirtí le dearbhú, "Is salann agus solas mé i gCríost amháin."

Léargas Príomhúil

Ní naofa gach solas. An rud a lasann lasmuigh de Chríost, ídeoidh sé sa deireadh.

Dialann Machnaimh

- An bhfuil eolas, cumhacht nó leigheas lorgtha agam lasmuigh de Bhriathar Dé?
- Cad iad na huirlisí nó na teagasc spioradálta a chaithfidh mé fáil réidh leo?
- An bhfuil aon duine a thug mé isteach i gcleachtais na hAoise Nua nó i gcleachtais "solais" a gcaithfidh mé treoir a thabhairt dóibh anois?

Paidir na Saoirse

A Athair, tagaim amach as comhaontú le gach spiorad solais bhréagaigh, misteachais, agus eolais rúnda. Tréigim an Kabbalah, an uimhreolaíocht, an gheoiméadracht naofa, agus gach cód dorcha a chuireann i gcéill gur solas é. Dearbhaím gurb é Íosa Solas mo shaol. Siúlaim ar shiúl ó chonair na meabhlaireachta agus céimim isteach san fhírinne. Glan mé le do thine agus líon mé leis an Spiorad Naomh. In ainm Íosa. Áiméan.

LÁ 29: BRÁTH AN ILLUMINATI — AG NOCHTADH LÍONRAÍ DOILGHNÉITHEACHA MIONLAÍ

"*Seasann ríthe an domhain agus bailíonn na rialóirí le chéile i gcoinne an Tiarna agus i gcoinne a Aon Ungtha.*" — Salm 2:2

"*Níl aon rud i bhfolach nach nochtfar, agus níl aon rud ceilte nach dtabharfar chun solais.*" — Lúcás 8:17

Tá domhan laistigh dár ndomhan. I bhfolach i radharc soiléir.

Ó Hollywood go dtí an t-airgeadas ard, ó chonairí polaitiúla go himpireachtaí ceoil, rialaíonn líonra comhghuaillíochtaí dorcha agus conarthaí spioradálta córais a mhúnlaíonn cultúr, smaointeoireacht agus cumhacht. Is níos mó ná comhcheilg é - is éirí amach ársa é atá athphacáistithe don stáitse nua-aimseartha.

Ní cumann rúnda amháin atá sna hIlluminati, ag a chroílár - is clár oibre Luciferianach é. Pirimid spioradálta ina ngeallann na daoine atá ar a bharr dílseacht trí fhuil, deasghnátha, agus malartú anama, agus is minic a bhíonn siad fillte i siombailí, faisean, agus cultúr pop chun na maiseanna a choinníollú.

Ní bhaineann sé seo le paranoia. Baineann sé le feasacht.

FÍORSCÉAL – TURAS Ó Chlú go Creideamh

Bhí Marcus ina léiritheoir ceoil ag teacht chun cinn sna Stáit Aontaithe. Nuair a shroich a thríú buille mór na cairteacha, tugadh isteach é i gclub eisiach - fir agus mná cumhachtacha, "meantóirí" spioradálta, conarthaí a raibh rúndacht tumtha iontu. Ar dtús, bhí cuma meantóireachta mionlach air. Ansin tháinig na seisiúin "gairm" - seomraí dorcha, soilse dearga, cantaireacht, agus deasghnátha scátháin. Thosaigh sé ag taisteal lasmuigh den chorp, guthanna ag cogarnaigh amhrán leis san oíche.

Oíche amháin, faoi thionchar agus faoi chéasadh, rinne sé iarracht a bheatha a bhaint de. Ach idirghabháil Íosa. Bhris idirghuí seanmháthar tríd. Theith sé, thréig sé an córas, agus chuir sé tús le turas fada saoirse. Sa lá atá inniu ann, nochtann sé dorchadas an tionscail trí cheol a thugann fianaise ar an solas.

CÓRAIS RIALAITHE FOLAITHE

- **Íobairtí Fola & Deasghnátha Gnéis** – Éilíonn tionscnamh i gcumhacht malartú: corp, fuil, nó neamhchiontacht.
- **Clársceidealú Intinne (patrúin MK Ultra)** – Úsáidtear sna meáin, sa cheol, sa pholaitíocht chun féiniúlachtaí agus láimhseálaithe scoilte a chruthú.
- **Siombalachas** – Súile pirimide, féinicsí, urláir chláir seiceála, ulchabháin, agus réaltaí inbhéartaithe – geataí dílseachta.
- **Dochtúir Lúcifearach** – "Déan mar is mian leat," "Bí i do dhia féin," " Soilsiú an t-iompróra solais."

Plean Gníomhaíochta – Ag Briseadh Saor ó Elite Webs

1. **Déan aithrí** as páirt a ghlacadh in aon chóras atá ceangailte le cumhachtú occult, fiú gan a fhios duit (ceol, na meáin, conarthaí).
2. **Tréigean** clú ar gach costas, comhaontuithe ceilte, nó spéis i stíleanna maireachtála mionlach.
3. **Guigh os cionn** gach conradh, branda, nó líonra a bhfuil tú mar chuid de. Iarr ar an Spiorad Naomh naisc fholaithe a nochtadh.
4. **Dearbhaigh os ard** :

"Diúltaím do gach córas, mionn, agus siombail an dorchadais. Is le Ríocht an tSolais mé. Níl m'anam ar díol!"

1. **Scrioptúir Ancaire** :
    - Íseáia 28:15–18 – Ní sheasfaidh conradh leis an mbás
    - Salm 2 – Déanann Dia gáire faoi chomhcheilg olc
    - 1 Corantaigh 2:6–8 – Ní thuigfidh rialóirí na haoise seo

eagna Dé

IARRATAS GRÚPA

- Treoraigh an grúpa i seisiún **glantacháin siombailí** — tabhair íomhánna nó lógónna leo a bhfuil ceisteanna ag na rannpháirtithe fúthu.
- Spreag daoine chun a roinnt cá bhfaca siad comharthaí Illuminati i gcultúr pop, agus conas a mhúnlaigh sé a dtuairimí.
- Tabhair cuireadh do na rannpháirtithe a **dtionchar** (ceol, faisean, meáin) a aththiomnú do chuspóir Chríost.

Léargas Príomhúil

Is é an meabhlaireacht is cumhachtaí an ceann a cheiltíonn sa ghalántacht. Ach nuair a bhaintear an masc, bristear na slabhraí.

Dialann Machnaimh

- An dtarraingítear mé chuig siombailí nó gluaiseachtaí nach dtuigim go hiomlán?
- An ndearna mé móid nó comhaontuithe agus mé ag iarraidh tionchar nó clú a bhaint amach?
- Cén chuid de mo bhronntanas nó de mo ardán is gá dom a thabhairt suas arís do Dhia?

Paidir na Saoirse

A Athair, diúltaím do gach struchtúr, mionn agus tionchar ceilte de chuid an Illuminati agus an tsean-dúltachta. Tréigim clú gan Tusa, cumhacht gan chuspóir, agus eolas gan an Spiorad Naomh. Cealaím gach conradh fola nó focal a rinneadh riamh orm, d'aon ghnó nó gan aon ghnó. A Íosa, cuirim i gcoróin thú mar Thiarna ar m'intinn, ar m'bronntanais agus ar m'ádh. Nocht agus scrios gach slabhra dofheicthe. I d'ainm éirím, agus siúlaim sa solas. Áiméan.

LÁ 30: NA SCOILEANNA MISTÉIREACHA — RÚIN ÁRSA, DABHRAÍOCHT NUA-AIMSEARTHA

"*Is uaigheanna oscailte a scornach; cleachtann a dteangacha cealg. Tá nimh nathair nimhe ar a mbéal.*" — Rómhánaigh 3:13

"*Ná glaoigh comhcheilg ar aon rud a thugann an pobal seo comhcheilg air; ná bíodh eagla ort roimh an rud a bhfuil eagla orthu... Is é an Tiarna Uilechumhachtach an té a mheasfaidh tú mar naofa...*" — Íseáia 8:12–13

I bhfad roimh na hIlluminati, bhí na scoileanna rúndiamhair ársa ann — an Éigipt, an Bhabilóin, an Ghréig, an Pheirs — a bhí ceaptha ní hamháin chun "eolas" a chur ar aghaidh, ach chun cumhacht osnádúrtha a mhúscailt trí dheasghnátha dorcha. Sa lá atá inniu ann, aiséirítear na scoileanna seo in ollscoileanna mionlach, i dtearmaí spioradálta, i gcampaí "feasachta", fiú trí chúrsaí oiliúna ar líne atá faoi cheilt mar fhorbairt phearsanta nó múscailt ard-ord comhfhiosachta.

Ó chiorcail Kabbalah go dtí an Teosóife, na hOrduithe Heirméiteacha, agus an Rosicruiceachas — is é an aidhm chéanna: "a bheith cosúil le déithe," cumhacht fholaithe a mhúscailt gan géilleadh do Dhia. Tugann cantaireachtaí ceilte, geoiméadracht naofa, teilgean astral, díghlasáil na faireoige pionéil, agus deasghnátha searmanais go leor i ngéibheann spioradálta faoi scáth an "solais".

Ach is solas bréagach gach "solas" nach bhfuil fréamhaithe in Íosa. Agus ní mór gach mionn ceilte a bhriseadh.

Fíorscéal – Ó Oiliúnóir go Tréigthe

Tugadh isteach in ord rúndiamhair Éigipteach do Sandra*, cóitseálaí folláine as an Afraic Theas, trí chlár meantóireachta. Áiríodh leis an oiliúint ailíniú chakra, machnaimh gréine, deasghnátha gealaí, agus scrollaí eagna ársa. Thosaigh sí ag taithí "íoslódálacha" agus "arduithe céime", ach go luath d'iompaigh siad seo ina n-ionsaithe scaoill, pairilis codlata, agus eipeasóidí féinmharaithe.

Nuair a nocht ministir saoirse an fhoinse, thuig Sandra go raibh a hanam ceangailte le móid agus conarthaí spioradálta. Chiallaigh diúltú don ord cailleadh ioncaim agus naisc - ach fuair sí a saoirse. Sa lá atá inniu ann, ritheann sí ionad cneasaithe atá dírithe ar Chríost, ag tabhairt rabhaidh do dhaoine eile faoi mheabhlaireacht na hAoise Nua.

Snáitheanna Coitianta Scoileanna Mistéire Inniu

- **Ciorcail Kabbalah** – misteachas Giúdach measctha le huimhreolaíocht, adhradh aingeal, agus eitleáin astral.
- **Hearmaiteachas** – teagasc "Mar atá thuas, mar sin thíos"; cumhacht a thabhairt don anam an réaltacht a ionramháil.
- **Roisicrúsaigh** – Orduithe rúnda a bhaineann le claochlú ailceimiceach agus ardú céime spioradálta.
- **Saormhaisiúnacht & Bráithreachais Esoteric** – Dul chun cinn ilchisealach isteach i solas ceilte; gach céim ceangailte le mionna agus deasghnátha.
- **Cúlraí Spioradálta** – Searmanais "soilsithe" sícideileacha le seamáin nó "treoraithe".

Plean Gníomhaíochta – Briseadh na Sean-Chuingí

1. **Tréigean** gach conradh a rinneadh trí thionscnaimh, cúrsaí, nó conarthaí spioradálta lasmuigh de Chríost.
2. **Cealaigh** cumhacht gach foinse "solais" nó "fuinnimh" nach bhfuil fréamhaithe sa Spiorad Naomh.
3. **Glan** do theach ó shiombailí: ankhs, súil Horus, geoiméadracht naofa, altóirí, túis, dealbha, nó leabhair deasghnátha.
4. **Dearbhaigh os ard** :

"Diúltaím do gach cosán ársa agus nua-aimseartha chuig solas bréagach. Géillim d'Íosa Críost, an Solas fíor. Bristear gach mionn rúnda lena fhuil."

SCRIOPTÚIR ANCAIRE

- Colosaigh 2:8 – Gan aon fhealsúnacht fholamh agus mheabhlach
- Eoin 1:4–5 – Lonraíonn an Solas Fíor sa dorchadas
- 1 Corantaigh 1:19–20 – Scriosann Dia eagna na ndaoine críonna

IARRATAS GRÚPA

- Reáchtáil oíche shiombalach "dó scrollaí" (Gníomhartha 19:19) — áit a dtugann agus a scriosann baill an ghrúpa aon leabhair, seodra, nó earraí occult.
- Guigh thar daoine a bhfuil eolas aisteach "íoslódáilte" acu nó a d'oscail chakras an tríú súil trí machnamh.
- Treoraigh rannpháirtithe trí phaidir **"aistrithe solais"** — ag iarraidh ar an Spiorad Naomh gach réimse a géilleadh roimhe seo don solas occult a ghlacadh ar láimh.

LÉARGAS PRÍOMHÚIL

Ní cheiltíonn Dia an fhírinne i dtomhaiseanna agus i ndeasghnátha — nochtann sé í trína Mhac. Bí cúramach leis an "solas" a tharraingíonn isteach sa dorchadas thú.

DIALANN MACHNAIMH

- An ndeachaigh mé isteach in aon scoil ar líne nó fhisiciúil a gheallann eagna ársa, gníomhachtú nó cumhachtaí rúndiamhra?
- An bhfuil leabhair, siombailí nó deasghnátha ann a cheap mé tráth a bhí neamhdhíobhálach ach a mbraitheann mé ciontaithe fúthu anois?
- Cá bhfuil taithí spioradálta á lorg agam níos mó ná caidreamh le Dia?

Paidir na Saoirse

A Thiarna Íosa, is tusa an Bealach, an Fhírinne, agus an Solas. Déanaim aithrí as gach cosán a ghlac mé a sheachnaigh do Bhriathar. Tréigim gach scoil rúndiamhra, orduithe rúnda, mionna, agus tionscnaimh. Brisim naisc anama le gach treoraí, múinteoir, spiorad, agus córas atá fréamhaithe i sean-mheabhlaireacht. Lonraigh do sholas i ngach áit fholaithe i mo chroí agus líon mé le fírinne do Spioraid. In ainm Íosa, siúlaim saor. Áiméan.

LÁ 31: CABBALAH, GEOIMÉADRA NAOFA & MEABHLÓIREACHT SOLAIS ELITE

"Óir déanann Sátan féin é féin a chlaochlú ina aingeal solais." — 2 Corantaigh 11:14

"Is leis an Tiarna ár nDia na rudaí rúnda, ach is linne na rudaí nochtaithe..." — Deotranaimí 29:29

Inár dtóir ar eolas spioradálta, tá contúirt ann — mealladh na "heagna ceilte" a gheallann cumhacht, solas agus diagacht seachas Críost. Ó chiorcail cháiliúla go lóistí rúnda, ón ealaín go dtí an ailtireacht, fíonn patrún meabhlaireachta a bhealach ar fud na cruinne, ag mealladh cuardaitheoirí isteach i ngréasán esoteric an **Kabbalah**, **na geoiméadrachta naofa**, agus **teagasc rúndiamhra**.

Ní taiscéalaíochtaí intleachtúla neamhdhíobhálacha iad seo. Is bealaí isteach iad i gcomhaontuithe spioradálta le haingil tite atá ag ligean orthu féin gur solas iad.

LÉIRITHE DOMHANDA

- **Hollywood & Tionscal an Cheoil** — Caithfidh go leor daoine cáiliúla bráisléid Kabbalah go hoscailte nó tatúnna a dhéanamh ar shiombailí naofa (cosúil le Crann na Beatha) a rianaítear siar go dtí an misticism Giúdach occult.
- **Faisean & Ailtireacht** — Tá dearaí Maosónacha agus patrúin gheoiméadracha naofa (Bláth na Beatha, heicseagraim, Súil Horus) leabaithe in éadaí, i bhfoirgnimh agus in ealaín dhigiteach.
- **An Meánoirthear & an Eoraip** — Bíonn ionaid staidéir Kabbalah ag

fás i measc daoine uaisle, agus is minic a mheascann siad misteachas le huimhreolaíocht, réalteolaíocht, agus glaonna aingeal.
- **Ciorcail Ar Líne & Nua-Aois ar fud an Domhain** – Déanann YouTube, TikTok, agus podchraoltaí " cóid solais," "tairseacha fuinnimh," "creathadh 3-6-9," agus teagasc "maitrís dhiaga" atá bunaithe ar gheoiméadracht naofa agus ar chreataí Kabbalistic a normalú.

Fíorscéal — Nuair a Éiríonn an Solas ina Bhréag

Thosaigh Jana, bean 27 bliain d'aois as an tSualainn, ag fiosrú Kabbalah tar éis di a hamhránaí is fearr léi a leanúint a thug creidiúint dó as a "dúiseacht chruthaitheach". Cheannaigh sí an bráisléad sreinge dearg, thosaigh sí ag machnamh le mandalas geoiméadracha, agus rinne sí staidéar ar ainmneacha aingeal ó théacsanna ársa Eabhraise.

Thosaigh rudaí ag athrú. D'éirigh a brionglóidí aisteach. Bhraithfeadh sí créatúir ina haice ina codladh, ag cogarnaigh eagna — agus ansin ag éileamh fola. Lean scáthanna í, ach bhí sí ag iarraidh níos mó solais.

Sa deireadh, tháinig sí ar fhíseán fuascailte ar líne agus thuig sí nach ardú spioradálta a bhí ina céasadh, ach meabhlaireacht spioradálta. Tar éis sé mhí de sheisiúin fuascailte, troscadh, agus gach réad Kabbalistic ina teach a dhó, thosaigh an tsíocháin ag filleadh. Tugann sí rabhadh do dhaoine eile anois trína blag: "Beagnach gur scrios an solas bréagach mé."

AG AITHINT AN CHOSÁIN

Cé go mbíonn róbaí reiligiúnacha i gceist uaireanta, diúltaíonn an Kabbalah d'Íosa Críost mar an t-aon bhealach chuig Dia. Is minic a ardaíonn sé an **"féin dhiaga"**, a chuireann sé **cainéalú** agus **ardú crann na beatha chun cinn**, agus a úsáideann sé **misteachas matamaiticiúil** chun cumhacht a ghairm. Osclaíonn na cleachtais seo **geataí spioradálta** - ní chun na bhflaitheas, ach d'eintitis atá ag ligean orthu gur iompróirí solais iad.

Trasnaíonn go leor teagasc Cabbalach le:

- Saormhaisiúnacht

- Róisicrúiseachas
- Gnóiseachas
- Cultacha soilse Luciferian

An comhainmneoir? An tóir ar dhiadhacht gan Chríost.

Plean Gníomhaíochta – Nochtadh & Díbirt Solais Bhréagaigh

1. **Déan aithrí** as gach teagmháil a bhí agat le Kabbalah, uimhreolaíocht, geoiméadracht naofa, nó teagasc na "scoile rúndiamhair".
2. **Scrios rudaí** i do theach a bhfuil baint acu leis na cleachtais seo — mandalas, altóirí, téacsanna Kabbalah, eangacha criostail, seodra siombailí naofa.
3. **Tréig spioraid an tsolais bhréagaigh** (e.g., Metatron, Raziel, Shekinah i bhfoirm mhistéireach) agus ordaigh do gach aingeal bréige imeacht.
4. **Tum thú féin** i simplíocht agus i leordhóthanacht Chríost (2 Corantaigh 11:3).
5. **Troscadh & ung** thú féin — súile, éadan, lámha — ag diúltú gach eagna bréagach agus ag dearbhú do dhílseachta do Dhia amháin.

Iarratas Grúpa

- Roinn aon teagmháil le "teagasc solais", uimhreolaíocht, meáin Kabbalah, nó siombailí naofa.
- Mar ghrúpa, liostaigh frásaí nó creidimh a bhfuil fuaim "spioradálta" orthu ach a chuireann i gcoinne Chríost (m.sh., "Is diaga mé," "soláthraíonn an chruinne," "comhfhios Chríost").
- Ung gach duine le hola agus tú ag fógairt Eoin 8:12 — *"Is é Íosa Solas an Domhain."*
- Dóigh nó caith amach aon ábhair nó rudaí a thagraíonn do gheoiméadracht naofa, do mhisteachas, nó do "chóid dhiaga".

LÉARGAS PRÍOMHÚIL

Ní thagann Sátan ar dtús mar an scriostóir. Is minic a thagann sé mar an soilseoir — ag tairiscint eolais rúnda agus solais bhréagaigh. Ach ní bhíonn ach dorchadas níos doimhne mar thoradh ar an solas sin.

Dialann Machnaimh

- An bhfuil mo spiorad oscailte agam d'aon "sholas spioradálta" a sheachnaigh Críost?
- An bhfuil siombailí, frásaí nó rudaí ann a cheap mé a bhí neamhdhíobhálach ach a aithním anois mar thairseacha?
- An bhfuil eagna phearsanta curtha chun tosaigh agam ar fhírinne an Bhíobla?

Paidir na Saoirse

A Athair, diúltaím do gach solas bréagach, teagasc mistéireach, agus eolas rúnda a ghabh mo anam. Admhaím nach bhfuil ach Íosa Críost fíorsholas an domhain. Diúltaím don Kabbalah, don gheoiméadracht naofa, don uimhreolaíocht, agus do gach teagasc deamhan. Lig do gach spiorad bréige a bheith bainte as mo shaol anois. Glan mo shúile, mo smaointe, mo shamhlaíocht, agus mo spiorad. Is leatsa amháin mé - spiorad, anam, agus corp. In ainm Íosa. Áiméan.

LÁ 3 2: AN SPIORAD NATHRA ISTIGH — NUAIR A THAGANN AN SAORADH RÓ-MHALL

"Tá súile lán adhaltranais acu… meallann siad anamacha neamhsheasmhacha… lean siad cosán Bhalaam… a bhfuil dorchadas an dorchadais curtha i leataobh dó go deo." — 2 Peadar 2:14–17

"Ná mealladh thú: ní féidir magadh a dhéanamh faoi Dhia. Bainfidh fear an rud a chuireann sé." — Galataigh 6:7

Tá bréige deamhanach ann a dhéanann mórshiúl mar shoilsiú. Leigheasann sé, tugann sé fuinneamh, cumhacht - ach ar feadh tamaill amháin. Cogarnaíonn sé rúndiamhra diaga, osclaíonn sé do "thríú súil", scaoileann sé cumhacht sa dromlach - agus ansin **cuireann sé sclábhaíocht ort i bpian**.

Is é **Kundalini** é.

Spiorad **na nathrach**.

An "spiorad naofa" bréagach den Ré Nua.

Nuair a chuirtear i ngníomh é — trí ióga, machnamh, sícideileach, tráma, nó deasghnátha occult — casann an fórsa seo ag bun an dromlaigh agus ardaíonn sé cosúil le tine trí na chakras. Creideann go leor gur múscailt spioradálta atá ann. I ndáiríre, is **seilbh dheamhanach** atá i bhfolach mar fhuinneamh diaga é.

Ach cad a tharlaíonn nuair **nach n-imeoidh sé**?

Fíorscéal – "Ní Féidir Liom É a Mhúchadh"

Bhí Marissa, bean óg Chríostaí i gCeanada, tar éis "yoga Críostaí" a chleachtadh sular thug sí a saol do Chríost. Thaitin na mothúcháin síochánta, na creathadh, na físeanna solais léi. Ach tar éis seisiún dian amháin inar mhothaigh sí a droim ag "lasadh", chaill sí a meadhrán – agus dhúisigh sí gan a bheith in ann análú. An oíche sin, thosaigh rud éigin ag **cur as dá codladh**, ag casadh a coirp, ag feiceáil mar "Íosa" ina brionglóidí – ach ag magadh fúithi.

Fuair sí **saoradh** cúig huaire. D'imigh na spioraid — ach d'fhillfeadh siad. Bhí a droim fós ag creathadh. Bhí a súile ag breathnú isteach i réimse na spiorad i gcónaí. Bhíodh a corp ag bogadh go neamhdheonach. In ainneoin slánaithe, bhí sí ag siúl trí ifreann anois nach dtuigeann mórán Críostaithe. Sábháladh a spiorad — ach **sáraíodh a hanam, scoilteadh oscailte é, agus scoilteadh é**.

An Iarmhairt nach Labhraíonn Aon Duine Faoi

- **Fanann an tríú súile oscailte** : fís leanúnach, siabhránachtaí, torann spioradálta, "aingil" ag rá bréaga.
- **Ní stopann an corp ag creathadh** : Fuinneamh neamhrialaithe, brú sa chloigeann, buillí croí.
- **Céasadh gan staonadh** : Fiú tar éis 10+ seisiún saoirse.
- **Aonrú** : Ní thuigfidh na sagairt. Déanann eaglaisí neamhaird den fhadhb. Lipéadaítear an duine mar "neamhchobhsaí".
- **Eagla ifrinn** : Ní mar gheall ar pheaca, ach mar gheall ar an bpian nach dtagann deireadh leis.

An féidir le Críostaithe teacht ar phointe gan filleadh?

Sea — sa saol seo. Is féidir leat a bheith **slánaithe**, ach chomh scoilte sin go **bhfuil d'anam i bpian go dtí an bás**.

Ní scaoll eagla atá anseo. Is **rabhadh fáidhiúil é seo**.

Samplaí Domhanda

- **An Afraic** – Fáithe bréagacha ag scaoileadh tine Kundalini le linn seirbhísí — bíonn daoine ag déanamh taomanna, ag cúr, ag gáire, nó ag béicíl.
- **An Áise** – Máistrí Yoga ag dul suas i "siddhi" (seilbh dheamhanach) agus ag glaoch comhfhiosacht dé air.
- **An Eoraip/Meiriceá Thuaidh** – Gluaiseachtaí neo-charismatacha ag treorú "ríocht na glóire", ag tafann, ag gáire, ag titim gan smacht — ní de chuid Dé.
- **Meiriceá Laidineach** – múscailtí seamánacha ag baint úsáide as ayahuasca (drugaí plandaí) chun doirse spioradálta a oscailt nach féidir leo a dhúnadh.

PLEAN GNÍOMHAÍOCHTA — Má Chuaigh Tú Rófhada

1. **Admhaigh an tairseach chruinn** : ióga Kundalini, machnaimh tríú súile, eaglaisí aoise nua, síceideileach, srl.
2. **Stop gach tóraíocht ar shaoradh** : Bíonn roinnt spioraid ag céasadh níos faide nuair a choinníonn tú orthu a chumhachtú le heagla.
3. **Cuir ancaire ort féin sna Scrioptúir** GACH LÁ — go háirithe Salm 119, Íseáia 61, agus Eoin 1. Athnuachan siad seo an anam.
4. **Cuir isteach chuig an bpobal** : Aimsigh creidmheach amháin ar a laghad atá líonta leis an Spiorad Naomh le siúl leis. Tugann an t-aonrú cumhacht do dheamhain.
5. **Tréigean gach "radharc", tine, eolas, fuinneamh spioradálta** — fiú má bhraitheann sé naofa.
6. **Iarr trócaire ar Dhia** — Ní uair amháin. Gach lá. Gach uair an chloig. Lean ort. B'fhéidir nach mbainfidh Dia é láithreach, ach iompróidh Sé thú.

IARRATAS GRÚPA

- Bíodh am agat le machnamh a dhéanamh i dtost. Fiafraigh: An bhfuil cumhacht spioradálta á lorg agam thar íonacht spioradálta?
- Guígí os cionn na ndaoine a bhfuil pian gan staonadh orthu. NÁ geall saoirse láithreach - geall **deisceablaíocht**.
- Múin an difríocht idir **toradh an Spioraid** (Galataigh 5:22–23) agus **léirithe anama** (crith, teas, fís).
- Dóigh nó scrios gach réad den aois nua: siombailí chakra, criostail, mataí yoga, leabhair, olaí, "cártaí Íosa".

Léargas Príomhúil

Tá **teorainn ann** ar féidir dul tharainn — nuair a bhíonn an t-anam ina gheata oscailte agus a dhiúltaíonn dúnadh. Féadfar do spiorad a shábháil... ach féadfaidh d'anam agus do chorp maireachtáil i bpian fós má tá tú truaillithe ag solas occult.

Dialann Machnaimh

- An raibh mé riamh ag iarraidh cumhacht, tine, nó radharc fáidhiúil a shaothrú níos mó ná naofacht agus fírinne?
- An bhfuil doirse oscailte agam trí chleachtais nua-aoiseacha "Críostaíthe"?
- An bhfuilim sásta **siúl go laethúil** le Dia fiú má thógann sé blianta chun go bhfaighidh mé an tsaoirse iomlán?

Paidir na Marthanais

A Athair, glaoim amach ar thrócaire. Tréigim gach spiorad nathrach, cumhacht Kundalini, oscailt an tríú súl, tine bhréagach, nó góchumadh nua-aoise a ndearna mé teagmháil léi riamh. Géillim m'anam - briste mar atá sé - ar ais chugat. A Íosa, saor mé ní hamháin ó pheaca, ach ó phian. Séalaigh mo gheataí. Leighis m'intinn. Dún mo shúile. Brúigh an nathair i mo dhroim. Fanann mé leat, fiú sa phian. Agus ní thabharfaidh mé suas. In ainm Íosa. Áiméan.

LÁ 33: AN SPIORAD NATHRA ISTIGH — NUAIR A THAGANN AN SAORADH RÓ-MHALL

"Tá súile lán adhaltranais acu... meallann siad anamacha neamhsheasmhacha... lean siad cosán Bhalaam... a bhfuil dorchadas an dorchadais curtha i leataobh dó go deo." — 2 Peadar 2:14–17

"Ná mealladh thú: ní féidir magadh a dhéanamh faoi Dhia. Bainfidh fear an rud a chuireann sé." — Galataigh 6:7

Tá bréige deamhanach ann a dhéanann mórshiúl mar shoilsiú. Leigheasann sé, tugann sé fuinneamh, cumhacht - ach ar feadh tamaill amháin. Cogarnaíonn sé rúndiamhra diaga, osclaíonn sé do "thríú súil", scaoileann sé cumhacht sa dromlach - agus ansin **cuireann sé sclábhaíocht ort i bpian**.

Is é **Kundalini** é.

Spiorad **na nathrach**.

An "spiorad naofa" bréagach den Ré Nua.

Nuair a chuirtear i ngníomh é — trí ióga, machnamh, sícideileach, tráma, nó deasghnátha occult — casann an fórsa seo ag bun an dromlaigh agus ardaíonn sé cosúil le tine trí na chakras. Creideann go leor gur múscailt spioradálta atá ann. I ndáiríre, is **seilbh dheamhanach** atá i bhfolach mar fhuinneamh diaga é.

Ach cad a tharlaíonn nuair **nach n-imeoidh sé**?

Fíorscéal – "Ní Féidir Liom É a Mhúchadh"

Bhí Marissa, bean óg Chríostaí i gCeanada, tar éis "yoga Críostaí" a chleachtadh sular thug sí a saol do Chríost. Thaitin na mothúcháin síochánta, na creathadh, na físeanna solais léi. Ach tar éis seisiún dian amháin inar mhothaigh sí a droim ag "lasadh", chaill sí a meadhrán – agus dhúisigh sí gan a bheith in ann análú. An oíche sin, thosaigh rud éigin ag **cur as dá codladh**, ag casadh a coirp, ag feiceáil mar "Íosa" ina brionglóidí – ach ag magadh fúithi.

Fuair sí **saoradh** cúig huaire. D'imigh na spioraid — ach d'fhillfeadh siad. Bhí a droim fós ag creathadh. Bhí a súile ag breathnú isteach i réimse na spiorad i gcónaí. Bhíodh a corp ag bogadh go neamhdheonach. In ainneoin slánaithe, bhí sí ag siúl trí ifreann anois nach dtuigeann mórán Críostaithe. Sábháladh a spiorad — ach **sáraíodh a hanam, scoilteadh oscailte é, agus scoilteadh é**.

An Iarmhairt nach Labhraíonn Aon Duine Faoi

- **Fanann an tríú súile oscailte** : fís leanúnach, siabhránachtaí, torann spioradálta, "aingil" ag rá bréaga.
- **Ní stopann an corp ag creathadh** : Fuinneamh neamhrialaithe, brú sa chloigeann, buillí croí.
- **Céasadh gan staonadh** : Fiú tar éis 10+ seisiún saoirse.
- **Aonrú** : Ní thuigfidh na sagairt. Déanann eaglaisí neamhaird den fhadhb. Lipéadaítear an duine mar "neamhchobhsaí".
- **Eagla ifrinn** : Ní mar gheall ar pheaca, ach mar gheall ar an bpian nach dtagann deireadh leis.

An féidir le Críostaithe teacht ar phointe gan filleadh?

Sea — sa saol seo. Is féidir leat a bheith **slánaithe**, ach chomh scoilte sin go **bhfuil d'anam i bpian go dtí an bás**.

Ní scaoll eagla atá anseo. Is **rabhadh fáidhiúil é seo**.

Samplaí Domhanda

- **An Afraic** – Fáithe bréagacha ag scaoileadh tine Kundalini le linn seirbhísí — bíonn daoine ag déanamh taomanna, ag cúr, ag gáire, nó ag béicíl.
- **An Áise** – Máistrí Yoga ag dul suas i "siddhi" (seilbh dheamhanach) agus ag glaoch comhfhiosacht dé air.
- **An Eoraip/Meiriceá Thuaidh** – Gluaiseachtaí neo-charismatacha ag treorú "ríocht na glóire", ag tafann, ag gáire, ag titim gan smacht — ní de chuid Dé.
- **Meiriceá Laidineach** – múscailtí seamánacha ag baint úsáide as ayahuasca (drugaí plandaí) chun doirse spioradálta a oscailt nach féidir leo a dhúnadh.

Plean Gníomhaíochta — Má Chuaigh Tú Rófhada

1. **Admhaigh an tairseach chruinn** : ióga Kundalini, machnaimh tríú súile, eaglaisí aoise nua, sícideileach, srl.
2. **Stop gach tóraíocht ar shaoradh** : Bíonn roinnt spioraid ag céasadh níos faide nuair a choinníonn tú orthu a chumhachtú le heagla.
3. **Cuir ancaire ort féin sna Scrioptúir** GACH LÁ — go háirithe Salm 119, Íseáia 61, agus Eoin 1. Athnuachan siad seo an anam.
4. **Cuir isteach chuig an bpobal** : Aimsigh creidmheach amháin ar a laghad atá líonta leis an Spiorad Naomh le siúl leis. Tugann an t-aonrú cumhacht do dheamhain.
5. **Tréigean gach "radharc", tine, eolas, fuinneamh spioradálta** — fiú má bhraitheann sé naofa.
6. **Iarr trócaire ar Dhia** — Ní uair amháin. Gach lá. Gach uair an chloig. Lean ort. B'fhéidir nach mbainfidh Dia é láithreach, ach iompróidh Sé thú.

Iarratas Grúpa

- Bíodh am agat le machnamh a dhéanamh i dtost. Fiafraigh: An bhfuil cumhacht spioradálta á lorg agam thar íonacht spioradálta?
- Guígí os cionn na ndaoine a bhfuil pian gan staonadh orthu. NÁ geall saoirse láithreach - geall **deisceablaíocht** .
- Múin an difríocht idir **toradh an Spioraid** (Galataigh 5:22–23) agus **léirithe anama** (crith, teas, fís).
- Dóigh nó scrios gach réad den aois nua: siombailí chakra, criostail, mataí yoga, leabhair, olaí, "cártaí Íosa".

Léargas Príomhúil

Tá **teorainn ann** ar féidir dul tharainn — nuair a bhíonn an t-anam ina gheata oscailte agus a dhiúltaíonn dúnadh. Féadfar do spiorad a shábháil... ach féadfaidh d'anam agus do chorp maireachtáil i bpian fós má tá tú truaillithe ag solas occult.

Dialann Machnaimh

- An raibh mé riamh ag iarraidh cumhacht, tine, nó radharc fáidhiúil a shaothrú níos mó ná naofacht agus fírinne?
- An bhfuil doirse oscailte agam trí chleachtais nua-aoiseacha "Críostaíthe"?
- An bhfuilim sásta **siúl go laethúil** le Dia fiú má thógann sé blianta chun go bhfaighidh mé an tsaoirse iomlán?

Paidir na Marthanais

A Athair, glaoim amach ar thrócaire. Tréigim gach spiorad nathrach, cumhacht Kundalini, oscailt an tríú súl, tine bhréagach, nó góchumadh nua-aoise a ndearna mé teagmháil léi riamh. Géillim m'anam - briste mar atá sé - ar ais chugat. A Íosa, saor mé ní hamháin ó pheaca, ach ó phian. Séalaigh mo gheataí. Leighis m'intinn. Dún mo shúile. Brúigh an nathair i mo dhroim. Fanann mé leat, fiú sa phian. Agus ní thabharfaidh mé suas. In ainm Íosa. Áiméan.

LÁ 34: MAISONNAÍ, CÓID & MALLACHTAÍ — Nuair a Éiríonn an Bráithreachas ina Bhréagriocht

"*Ná bíodh comhpháirtíocht agat le hoibreacha neamhthorthúla an dorchadais, ach nochtaigh iad.*" — Eifeasaigh 5:11
"*Ná déan conradh leo ná lena ndéithe.*" — Eaxodus 23:32

Geallann cumainn rúnda rath, nasc, agus eagna ársa. Cuireann siad **mionnaí, céimeanna, agus rúin** ar fáil a thugtar anuas "do dhaoine maithe." Ach an rud nach dtuigeann formhór na ndaoine ná: is **altóirí comhaontaithe iad na cumainn seo**, atá tógtha go minic ar fhuil, ar mheabhlaireacht, agus ar dhílseacht dheamhanach.

Ó Shaor-Mhaisiúnacht go dtí an Kabbalah, ó na Rosicrucians go Skull & Bones — ní clubanna amháin iad na heagraíochtaí seo. Is **conarthaí spioradálta** iad, brionnaithe sa dorchadas agus séalaithe le deasghnátha a **mhallaíonn glúnta**.

Chuaigh cuid acu isteach ann go toilteanach. Bhí sinsir ag daoine eile a chuaigh ann.

Ar aon nós, fanann an mallacht ann — go dtí go mbrisfear í.

Oidhreacht i bhFolach — Scéal Jason

Bhí gach rud ag dul ar a shon ag Jason, baincéir rathúil sna Stáit Aontaithe — teaghlach álainn, saibhreas agus tionchar. Ach san oíche, dhúisíodh sé ag tachtadh, ag feiceáil figiúirí cochallaithe, agus ag cloisteáil draíocht ina bhrionglóidí. Bhí a sheanathair ina Shaoirseoir den 33ú céim, agus bhí an fáinne fós á chaitheamh ag Jason.

Uair amháin, dúirt sé na móid Mháisónacha go magúil ag ócáid chlub — ach an nóiméad a rinne sé sin, **tháinig rud éigin isteach ann**. Thosaigh a intinn ag briseadh síos. Chuala sé guthanna. D'fhág a bhean chéile é. Rinne sé iarracht deireadh a chur leis ar fad.

Ag cúlú, thug duine éigin faoi deara an nasc Maosónach. Ghuil Jason agus é **ag diúltú gach mionn**, ag briseadh an fháinne, agus ag dul faoi shaoradh ar feadh trí huaire an chloig. An oíche sin, den chéad uair le blianta, chodail sé go síochánta.

A fhianaise?

"Ní dhéanann tú magadh le haltóirí rúnda. Labhraíonn siad - go dtí go gcuireann tú iallach orthu druidte suas in ainm Íosa."

GRÉASÁN DOMHANDA NA Bráithreachais

- **An Eoraip** – Tá an tSaormháisúnacht fite fuaite go domhain i gcúrsaí gnó, polaitíochta agus eaglaise.
- **An Afraic** – Illuminati agus orduithe rúnda ag tairiscint saibhris in ionad anamacha; cultacha in ollscoileanna.
- **Meiriceá Laidineach** – insíothlú Íosánach agus deasghnátha Maosónacha measctha le misteachas Caitliceach.
- **An Áise** – Scoileanna rúndiamhair ársa, sagartacht teampaill ceangailte le mionnaí glúine.
- **Meiriceá Thuaidh** – Eastern Star, Scottish Rite, bráithreachais ar nós Skull & Bones, mionlach Bohemian Grove.

Is minic a thugann na cultacha seo "Dia" chun cainte, ach ní **Dia an Bhíobla** – tagraíonn siad don **Ailtire Mór**, fórsa neamhphearsanta atá ceangailte le **solas Lúisiferiach**.

Comharthaí go bhfuil tionchar ort

- Galar ainsealach nach féidir le dochtúirí a mhíniú.
- Eagla roimh dhul chun cinn nó eagla roimh bhriseadh ó chórais teaghlaigh.
- Brionglóidí faoi róbaí, deasghnátha, doirse rúnda, lóistíní, nó searmanais aisteacha.
- Dúlagar nó meabhairghalar sa líne fhireann.
- Mná atá ag streachailt le neamhthorthaí, mí-úsáid, nó eagla.

Plean Gníomhaíochta Saoirse

1. **Tréig gach mionn aitheanta** – go háirithe má bhí tú féin nó do theaghlach mar chuid den tSaormháisúnóireacht, de na Rosicruicians, den Eastern Star, den Kabala, nó d'aon "bráithreachas".
2. **Bris gach céim** – ó Phrintíseach Iontráilte go dtí an 33ú Céim, de réir ainm.
3. **Scrios gach siombail** – fáinní, aprúin, leabhair, crochadáin, teastais, srl.
4. **Dún an geata** – go spioradálta agus go dleathach trí urnaí agus dearbhú.

Bain úsáid as na scrioptúir seo:

- Íseáia 28:18 — "Cuirfear deireadh le do chonradh leis an mbás."
- Galataigh 3:13 — "Fhuascail Críost sinn ó mhallacht an dlí."
- Eazeciéil 13:20–23 — "Stróicfidh mé bhur gclúidíní agus saorfaidh mé mo phobal."

Iarratas Grúpa

- Fiafraigh an raibh tuismitheoirí nó seantuismitheoirí ag aon bhall i gcumainn rúnda.
- Treoraigh **tréigean treoraithe** trí gach céim den tSaormháisúnacht (is féidir leat script clóite a chruthú chuige seo).
- Bain úsáid as gníomhartha siombalacha — dóigh fáinne sean nó tarraing cros thar an éadan chun an "tríú súil" a osclaíodh i ndeasghnátha a chur ar neamhní.
- Guigh thar intinn, muineál agus droim — is láithreacha coitianta daoirse iad seo.

Léargas Príomhúil
Is bráithreachas daoirse í an bráithreachas gan fuil Chríost.
Ní mór duit rogha a dhéanamh: conradh le fear nó conradh le Dia.
Dialann Machnaimh

- An raibh aon duine i mo theaghlach páirteach sa tSaormháisúnacht, sa misteachas, nó i mionnaí rúnda?
- An ndearna mé móideanna, creidimh nó siombailí a bhaineann le cumainn rúnda a aithris nó a aithris gan fhios dom?
- An bhfuil mé sásta traidisiún teaghlaigh a bhriseadh chun siúl go hiomlán i gconradh Dé?

Paidir an Tréigthe

A Athair, in ainm Íosa, tréigim gach conradh, mionn, nó deasghnáth a bhaineann le Saormháisúnacht, Kabbalah, nó aon chumann rúnda - i mo shaol nó i mo shliocht fola. Brisim gach céim, gach bréag, gach ceart deamhanach a deonaíodh trí shearmanais nó siombailí. Dearbhaím gurb é Íosa Críost mo Sholas amháin, m'Ailtire amháin, agus m'Aon Tiarna amháin. Faighim saoirse anois, in ainm Íosa. Áiméan.

LÁ 35: CAILLEACHA SNA BUNANNA — NUAIR A THAGANN AN t-OLC ISTEACH TRÍ DHORSAÍ AN EAGLAIS

"Óir is aspail bhréagacha iad na fir sin, oibrithe meabhlacha, ag ligean orthu féin gur aspail Chríost iad. Agus ní haon ionadh é, óir cuireann Sátan féin é féin i bhfolach mar aingeal solais." — 2 Corantaigh 11:13–14

"Tá a fhios agam do ghníomhartha, do ghrá agus do chreideamh... Ach tá seo agam i do choinne: go nglacann tú leis an mbean Íseibéil, a thugann banfháidh uirthi féin..." — Apacailipsis 2:19–20

Ní hé an cailleach is contúirtí an ceann a bhíonn ag eitilt san oíche.

Is í an ceann **atá ina suí in aice leat sa séipéal**.

Ní chaitheann siad róbaí dubha ná ní bhíonn siad ag marcaíocht ar scuaba. Treoraíonn siad cruinnithe paidreacha. Canann siad ar fhoirne adhartha. Fáistineann siad i dteangacha. Is sagart iad d'eaglaisí. Agus fós féin... is **iompróirí dorchadais** iad.

Tá a fhios ag cuid acu go díreach cad atá á dhéanamh acu — seolta amach mar fheallmharfóirí spioradálta.

Is íospartaigh draíochta nó éirí amach sinsearacha iad cuid eile, ag feidhmiú le bronntanais atá **neamhghlan**.

An Eaglais mar Chlúdach — Scéal "Miriam"

Ba mhinistir shaortha coitianta í Miriam i séipéal mór san Afraic Thiar. D'ordaigh a guth do dheamhain teitheadh. Thaistil daoine trasna náisiúin le go ndéanfaí iad a ungadh.

Ach bhí rún ag Miriam: san oíche, thaistil sí amach as a corp féin. D'fheicfeadh sí tithe bhaill na heaglaise, a laigí, agus a línte fola. Shíl sí gurbh é an "fáidhiúil" a bhí ann.

D'fhás a cumhacht. Ach mhéadaigh a crá freisin.

Thosaigh sí ag cloisteáil guthanna. Ní raibh sí in ann codladh. Rinneadh ionsaí ar a páistí. D'fhág a fear céile í.

D'admhaigh sí sa deireadh: gur "ghníomhaigh" a seanmháthair í mar leanbh, cailleach chumhachtach a chuir iallach uirthi codladh faoi blaincéid mallachtaithe.

"Shíl mé go raibh mé líonta leis an Spiorad Naomh. Ba spiorad é… ach ní Naomh."

Chuaigh sí trí shaoradh. Ach níor stad an cogadh riamh. Deir sí:

"Mura mbeadh mé tar éis admháil, bheinn tar éis bás a fháil ar altóir sa tine… san eaglais."

Cásanna Domhanda Draíochta Folaithe san Eaglais

- **An Afraic** – Éad spioradálta. Fáithe ag baint úsáide as fáistine, deasghnátha, agus biotáillí uisce. Is tairseacha iad go leor altóirí i ndáiríre.
- **An Eoraip** – Meáin shíceacha ag ligean orthu féin gur "cóitseálaithe spioradálta" iad. Draíocht fillte i gCríostaíocht na haoise nua.
- **An Áise** – Sagairt teampaill ag dul isteach i séipéil chun mallachtaí a chur agus chun daoine a thiontú ina monatóirí astral.
- **Meiriceá Laidineach** – Santería - "pastóirí" cleachtacha a shearmonaíonn saoirse ach a íobairtíonn sicíní san oíche.
- **Meiriceá Thuaidh** – cailleacha Críostaí ag maíomh gur "Íosa agus tarot" iad, cneasaitheoirí fuinnimh ar ardáin eaglaise, agus sagairt a bhfuil baint acu le deasghnátha Saormháisiúineachta.

Comharthaí Draíochta ag Feidhmiú san Eaglais

- Atmaisféar trom nó mearbhall le linn adhartha.
- Brionglóidí faoi nathracha, gnéas, nó ainmhithe i ndiaidh seirbhísí.
- Ceannaireacht ag titim i bpeaca nó i scannal tobann.
- "Tairní" a ionramhálann, a mheallann nó a náiríonn daoine.
- Duine ar bith a deir "Dúirt Dia liom gur tusa m'fhear céile/m'bhean chéile."
- Rudaí aisteacha a fuarthas in aice leis an gcroílár nó leis na haltóirí.

PLEAN GNÍOMHAÍOCHTA Saoirse

1. **Guí ar son tuiscint** — Iarr ar an Spiorad Naomh a nochtadh an bhfuil cailleacha ceilte i do chomhaltacht.
2. **Déan tástáil ar gach spiorad** — Fiú má chloiseann siad spioradálta (1 Eoin 4:1).
3. **Bris naisc anama** — Má paidir déanta duit, má rinne duine neamhghlan fáistine duit, nó má bhain duine éigin leat, **diúltaigh dó**.
4. **Guigh os cionn d'eaglaise** — Dearbhaigh tine Dé chun gach altóir i bhfolach, peaca rúnda, agus súilíneach spioradálta a nochtadh.
5. **Más íospartach thú** — Faigh cabhair. Ná fan i do thost ná i d'aonar.

Iarratas Grúpa

- Fiafraigh de bhaill an ghrúpa: An raibh tú riamh míchompordach nó sáraithe go spioradálta i seirbhís eaglaise?
- Treoraigh **paidir ghlantacháin chorparáideach** don chomhaltacht.
- Ung gach duine agus dearbhaigh **balla dóiteáin spioradálta** timpeall ar intinn, altóirí agus bronntanais.
- Múin do cheannairí conas **bronntanais a scagadh** agus **spioraid a thástáil** sula gceadaítear do dhaoine róil infheicthe a ghlacadh.

Léargas Príomhúil
Ní ón Tiarna a thagann gach duine a deir "A Thiarna, a Thiarna".

Is í an eaglais an **phríomh-chatha** le haghaidh éillithe spioradálta — ach is í an áit leighis freisin nuair a choinnítear an fhírinne i bhfeidhm.

Dialann Machnaimh

- An bhfuair mé paidreacha, comhairle, nó meantóireacht ó dhuine a raibh toradh mínaofa ar a shaol?
- An mbíonn amanna ann a mbraithim "as a riocht" i ndiaidh na heaglaise, ach a d'fhág mé neamhaird air?

- An bhfuilim sásta aghaidh a thabhairt ar dhraíocht fiú má chaitheann mé culaith nó má chanann mé ar an stáitse?

Paidir Nochtadh agus Saoirse

A Thiarna Íosa, gabhaim buíochas leat as ucht a bheith i do fhíorsholas. Iarraim ort anois gach gníomhaire ceilte dorchadais atá ag feidhmiú i mo shaol agus i mo chomhaltacht nó timpeall air a nochtadh. Tréigim gach cur i láthair mínaofa, tairngreacht bhréagach, nó ceangal anama a fuair mé ó mhealltóirí spioradálta. Glan mé le do chuid fola. Íonaigh mo bhronntanais. Cosain mo gheataí. Dóigh gach spiorad bréige le do thine naofa. In ainm Íosa. Áiméan.

LÁ 36: GEASANNA CÓDÁLA — NUAIR A BHÍONN AMHRÁIN, FAISEAN AGUS SCANNÁIN INA dTAIRSEACHA

"*Ná bíodh baint agat le hoibreacha neamhthorthúla an dorchadais, ach nochtaigh iad.*" — Eifeasaigh 5:11

"*Ná bíodh baint agat le miotais neamhdhia agus seanchas na mban; ina áit sin, déan tú féin a oiliúint chun bheith diaga.*" — 1 Tiomóid 4:7

Ní thosaíonn gach cath le híobairt fola.

Tosaíonn cuid acu le **buille** .

Ceol. Liric ghreamaitheach a chloiseann i d'anam. Nó **siombail** ar d'éadaí a cheap tú a bhí "fionnuar."

Nó seó "neamhdhíobhálach" a mbíonn tú ag magadh fúthu agus deamhain ag miongháire sna scáthanna.

I saol an lae inniu atá ró-nasctha, tá draíocht **códaithe** — i bhfolach i **radharc soiléir** trí na meáin, ceol, scannáin agus faisean.

Fuaim Dorcha — Fíorscéal: "Na Cluasáin"

Thosaigh Elijah, 17 mbliana d'aois sna Stáit Aontaithe, ag fáil taomanna scaoill, oícheanta gan chodladh, agus brionglóidí deamhanta. Cheap a thuismitheoirí Críostaí gur strus a bhí ann.

Ach le linn seisiún saoirse, thug an Spiorad Naomh treoir don fhoireann fiosrú a dhéanamh faoina **cheol** .

D'admhaigh sé: "Éistim le miotal gaiste. Tá a fhios agam go bhfuil sé dorcha... ach cuidíonn sé liom mothú cumhachtach."

Nuair a sheinn an fhoireann ceann dá chuid amhrán is fearr leis agus iad ag guí, tharla **rud éigin** .

Bhí na buillí ionchódaithe le **rianta cantaireachta** ó dheasghnátha occult. Nochtadh frásaí ar nós "cuir faoi do anam" agus "Labhraíonn Lucifer" trí cheilt siar.

Nuair a scrios Éilias an ceol, a rinne sé aithrí, agus a thréigean sé an nasc, d'fhill an tsíocháin.

Bhí an cogadh tagtha isteach trí **gheataí a chluasa**.

Patrúin Chlársceidealaithe Domhanda

- **An Afraic** – Amhráin Afrobeat ceangailte le deasghnátha airgid; tagairtí do "juju" i bhfolach sna liricí; brandaí faisin le siombailí ríocht mhuirí.
- **An Áise** – K-pop le teachtaireachtaí gnéis agus cainéalaithe spioradálta fo-chomhfhiosacha; carachtair anime atá líonta le seanchas deamhan Shinto.
- **Meiriceá Laidineach** – Reggaeton ag cur cantaireachtaí Santería agus geasa códaithe ar gcúl chun cinn.
- **An Eoraip** – Tithe faisin (Gucci, Balenciaga) ag leabú íomhánna agus deasghnátha satánacha i gcultúr na rúidbhealaigh.
- **Meiriceá Thuaidh** – Scannáin Hollywood atá códaithe le draíocht (Marvel, uafás, scannáin "solas vs dorchadas"); cartúin a úsáideann geasa mar spraoi.

Common Entry Portals (and Their Spirit Assignments)

Media Type	Portal	Demonic Assignment
Music	Beats/samples from rituals	Torment, violence, rebellion
TV Series	Magic, lust, murder glorification	Desensitization, soul dulling
Fashion	Symbols (serpent, eye, goat, triangles)	Identity confusion, spiritual binding
Video Games	Sorcery, blood rites, avatars	Astral transfer, addiction, occult alignment
Social Media	Trends on "manifestation," crystals, spells	Sorcery normalization

PLEAN GNÍOMHAÍOCHTA – Aitheantas a thabhairt, Díthocsainiú, Cosaint

1. **Déan iniúchadh ar do seinmliosta, ar do wardrobe, agus ar do stair féachana**. Cuardaigh ábhar rúnda, dúilmhar, ceannairceach nó foréigneach.
2. **Iarr ar an Spiorad Naomh** gach tionchar mínaofa a nochtadh.
3. **Scrios agus scrios**. Ná díol ná ná tabhair bronntanas. Dóigh ná cuir aon rud deamhanta sa bhruscar — fisiciúil nó digiteach.
4. **Ung do ghléasanna**, do sheomra, agus do chluasa. Dearbhaigh iad a bheith naomhaithe chun glóire Dé.
5. **Cuir an fhírinne ina áit**: Ceol adhartha, scannáin dhiaga, leabhair, agus léachtaí Scrioptúir a athnuachan d'intinn.

Iarratas Grúpa

- Treoraigh baill i "Fardal Meán." Lig do gach duine seónna, amhráin nó míreanna a cheapann siad a d'fhéadfadh a bheith ina dtairseacha a scríobh síos.
- Guigh thar fhóin agus cluasáin. Ung iad.
- Déan "troscadh díthocsainithe" grúpa — 3 go 7 lá gan aon mheáin shaolta. Beathaigh ar Bhriathar Dé, adhradh agus comhaltacht amháin.
- Tabhair fianaise ar na torthaí ag an gcéad chruinniú eile.

Léargas Príomhúil

Ní gá do dheamhain scrín a thuilleadh le dul isteach i do theach. Níl de dhíth orthu ach do thoiliú chun brúigh ar an gcnaipe 'imirt'.

Dialann Machnaimh

- Cad a chonaic, a chuala nó a chaith mé a d'fhéadfadh a bheith ina dhoras oscailte don leatrom?
- An bhfuil mé sásta éirí as a bhfuil á chur ag siamsaíocht orm má tá sé

ag cur sclábhaíochta orm freisin?
- An ndearna mé normalú ar éirí amach, ar dhúil, ar fhoréigean, nó ar mhagadh in ainm na "healaíne"?

PAIDIR GLANTACHÁIN

A Thiarna Íosa, tagaim os do chomhair ag iarraidh díthocsainiú spioradálta iomlán. Nocht gach geasa códaithe a lig mé isteach i mo shaol trí cheol, faisean, cluichí, nó na meáin. Táim ag déanamh aithrí as breathnú, caitheamh, agus éisteacht leis an méid a dhéanann easurraim duit. Inniu, scaraim na naisc anama. Caithim amach gach spiorad ceannairce, draíochta, dúile, mearbhaill, nó céasta. Glan mo shúile, mo chluasa, agus mo chroí. Tiomnaím mo chorp, mo mheáin, agus mo roghanna duitse amháin anois. In ainm Íosa. Áiméan.

LÁ 37: NA HALTAIR DO-FHEICTHE CUMHACHTA — SAORMHAISÍNÍ, AN CABALA, AGUS NA LUACHMHÓIRÍ OCCLACHA

"*Arís, thug an diabhal leis é go sliabh an-ard agus thaispeáin sé dó ríocht an domhain uile agus a nglóir. 'Tabharfaidh mé seo go léir duit,' a dúirt sé, 'má chrom tú síos agus má adhraíonn tú mé.'*" — Maitiú 4:8–9

"*Ní féidir libh cupán an Tiarna a ól agus cupán na ndeamhan chomh maith; ní féidir libh páirt a ghlacadh i mbord an Tiarna agus i mbord na ndeamhan araon.*" — 1 Corantaigh 10:21

Tá altóirí i bhfolach ní i bpluaiseanna, ach i seomraí boird.

Biotáillí ní hamháin sna dufaire - ach i hallaí rialtais, i dtúir airgeadais, i leabharlanna an Ivy League, agus i naomháin atá faoi cheilt mar "eaglaisí".

Fáilte go dtí réimse an **ollphéiste mionlach** :

Saormháisiúin, Rosicrúsaigh, Cabbailistigh, orduithe Íosánacha, Réaltaí an Oirthir, agus sagartachtaí Luciferiacha ceilte a **cheiltíonn a ndúthracht do Shátan i ndeasghnátha, i rúndacht, agus i siombailí**. Is iad a ndéithe réasún, cumhacht, agus eolas ársa - ach **tá a n-anamacha geallta don dorchadas** .

I bhfolach i radharc soiléir

- **an tSaormháisúnachas** i gcéill gur bráithreachas tógálaithe iad — ach tugann a céimeanna níos airde eintitis dheamhanacha chun cuimhne, mionnaíonn siad mionna báis, agus ardaíonn siad Lúcifear mar "iompróir solais".
- **Kabbalah** rochtain mhistéireach ar Dhia - ach cuireann sé léarscáileanna fuinnimh chosmacha agus uimhreolaíocht in ionad Yahweh go seafóideach.
- **misteachas Íosánach** , ina fhoirmeacha truaillithe, íomhánna

Caitliceacha le ionramháil spioradálta agus rialú ar chórais an domhain.
- Bíonn teachtaireachtaí códaithe, siombailí agus deasghnátha poiblí **i Hollywood, i bhFaisean, in Airgeadas agus sa Pholaitíocht, agus is seirbhísí adhartha do Lucifer iad sin i ndáiríre**.

Ní gá duit a bheith i do dhuine cáiliúil le go ndéanfaí difear duit. **Truaillíonn na córais seo náisiúin** trí:

- Cláir sna meáin
- Córais oideachais
- Comhréiteach reiligiúnach
- Spleáchas airgeadais
- Deasghnátha faoi cheilt mar "thionscnaimh", "gealltanais", nó "margaí branda"

Fíorscéal – "Milleadh an Teachín Mo Shliocht"

Chuaigh Solomon (ainm athraithe), maighnéad gnó rathúil ón Ríocht Aontaithe, isteach i lóiste Maosónach chun líonrú a dhéanamh. D'éirigh go gasta leis, ag gnóthú saibhris agus clú. Ach thosaigh sé ag fulaingt tromluí scanrúla freisin - fir chlócaite á ghairm, mionnaí fola, ainmhithe dorcha á ruaigeadh. Thosaigh a iníon ag gearradh í féin, ag maíomh gurbh í "láithreacht" a chuir ina luí uirthi é a dhéanamh.

Oíche amháin, chonaic sé fear ina sheomra — leathdhaonna, leathsheacal — a dúirt leis: *"Is liomsa thú. Tá an praghas íoctha."* Rinne sé teagmháil le haireacht shaortha. Thóg sé **seacht mí de thréigean, troscadh, deasghnátha urlacan, agus gach ceangal occult a athsholáthar** — sular tháinig síocháin.

Fuair sé amach níos déanaí: **Ba shaor cloiche den 33ú céim a sheanathair. Ní dhearna sé ach leanúint leis an oidhreacht gan a fhios aige.**

Raon Domhanda

- **An Afraic** – Cumainn rúnda i measc rialóirí treibhe, breithiúna, sagart — ag mionnú dílseachta do mhionn fola mar mhalairt ar chumhacht.
- **An Eoraip** – Ridirí Mhálta, lóisteanna Illuminacha, agus

ollscoileanna esotericeacha mionlach.
- **Meiriceá Thuaidh** – Bunsraitheanna Maosónacha faoi fhormhór na ndoiciméad bunaithe, struchtúr cúirte, agus fiú eaglaisí.
- **An Áise** – Cultacha dragain i bhfolach, orduithe sinsearacha, agus grúpaí polaitiúla atá fréamhaithe i hibridí Búdachas-seamanachais.
- **Meiriceá Laidineach** – Cultacha sioncrónacha ag meascadh naoimh Chaitliceacha le spioraid Lúcifearacha cosúil le Santa Muerte nó Baphomet.

Plean Gníomhaíochta — Ag Éalú ó Altóirí Éilíte

1. **Tréigean** aon bhaint a bheith agat le Saormháisúnacht, Eastern Star, mionnaí Íosánacha, leabhair Ghnóiseacha, nó córais mhisteacha — fiú staidéar "acadúil" orthu sin.
2. **Scrios** ríoga, fáinní, bioráin, leabhair, aprúin, grianghraif agus siombailí.
3. **Bris mallachtaí focal** — go háirithe mionnaí báis agus móideanna tionscnaimh. Bain úsáid as Íseáia 28:18 ("Cuirfear ar neamhní bhur gconradh leis an mbás...").
4. **Déan troscadh ar feadh 3 lá** agus tú ag léamh Eazeciéil 8, Íseáia 47, agus Apacailipsis 17.
5. **Athsholáthar na haltóra** : Tiomnaigh tú féin arís d'altóir Chríost amháin (Rómhánaigh 12:1–2). Comaoineach. Adhradh. Ungadh.

Ní féidir leat a bheith i gcúirteanna na bhflaitheas agus i gcúirteanna Lúcifear ag an am céanna. Roghnaigh d'altóir.
Iarratas Grúpa

- Déan mapáil ar eagraíochtaí coitianta mionlach i do réigiún — agus guí go díreach i gcoinne a dtionchair spioradálta.
- Reáchtáil seisiún inar féidir le baill admháil go rúnda an raibh a dteaghlaigh páirteach i Saormháisiúnacht nó i sects dá samhail.
- Tabhair ola agus comaoineach leat — treoraigh tréigean mais mionnaí, deasghnátha agus séalaí a rinneadh i rún.
- Bris an bród — cuir i gcuimhne don ghrúpa: **Níl aon rochtain fiú**

d'anam.

Léargas Príomhúil
Geallann cumainn rúnda solas. Ach níl ach Íosa ina Sholas an Domhain. Éilíonn gach altóir eile fuil - ach ní féidir leo slánú.

Dialann Machnaimh

- An raibh aon duine i mo shliocht fola páirteach i gcumainn rúnda nó in "orduithe"?
- An léigh mé nó an raibh leabhair occult faoi cheilt mar théacsanna acadúla i mo sheilbh?
- Cad iad na siombailí (peinteagraim, súile uilefheiceálacha, gréine, nathracha, pirimidí) atá i bhfolach i mo chuid éadaí, ealaíne nó seodra?

Paidir an Tréigthe
A Athair, diúltaím do gach cumann rúnda, lóiste, mionn, deasghnáth, nó altóir nach bhfuil bunaithe ar Íosa Críost. Brisim comhaontuithe m'aithreacha, mo shliocht fola, agus mo bhéal féin. Diúltaím do Shaor-Mháisiúnacht, do Chabáil, do mhisteachas, agus do gach comhaontú ceilte a rinneadh ar son cumhachta. Scriosaim gach siombail, gach séala, agus gach bréag a gheall solas ach a sheachaid daoirse. A Íosa, cuirim i gcoróin thú arís mar mo Mháistir amháin. Lonraigh do sholas i ngach áit rúnda. I d'ainm, siúlaim saor. Áiméan.

LÁ 38: COMHDHÉANTAÍ NA BROINE & RÍOCHTAÍ AN UISCE — NUAIR A THRUAILLÍTEAR AN CHINNIDHINT ROIMH AN mBREITH

"*Tá na drochdhaoine scartha ón mbroinn; téann siad ar strae a luaithe a bheirtear iad, ag labhairt bréag.*" — Salm 58:3

"*Sular mhúnlaigh mé thú sa bhroinn, bhí aithne agam ort, sular rugadh thú, chuir mé ar leithligh thú...*" — Irimia 1:5

Cad a tharlódh murab le do roghanna a thosaigh na cathanna atá á dtroid agat - ach le do choincheap?

Cad a tharlódh dá mba rud é go ndéarfaí d'ainm in áiteanna dorcha agus tú fós sa bhroinn?

Cad a tharlódh dá ndéanfaí **do chéannacht a mhalartú**, do **chinniúint a dhíol**, agus d' **anam a mharcáil** – sula ndéanfá do chéad anáil a tharraingt?

Seo í réaltacht an **tionscnaimh faoi uisce**, **comhaontuithe spiorad mara**, agus **éilimh bhroinn occult a cheanglaíonn glúnta**, go háirithe i réigiúin a bhfuil deasghnátha doimhne sinsearacha agus cósta acu.

Ríocht an Uisce — Ríchathaoir Shátain Thíos

Sa réimse dofheicthe, rialaíonn Sátan **níos mó ná an t-aer amháin**. Rialaíonn sé **an domhan muirí freisin** - líonra ollmhór deamhanach spioraid, altóirí, agus deasghnátha faoi aigéin, aibhneacha, agus lochanna.

spioraid mhara (ar a dtugtar *Mami Wata*, *Banríon an Chósta*, *mná céile/céilí spioradálta*, srl. go coitianta) freagrach as:

- Bás roimh am
- Neamhthorthaí agus breith anabaí
- Daoirse ghnéasach agus aislingí
- Crá meabhrach

- Galair i nuabheirthe
- Patrúin ardú agus tubaiste gnó

Ach conas a fhaigheann na biotáillí seo **talamh dlíthiúil**?
Ag an bhroinn.
Tionscnaimh Dofheicthe Roimh Bhreith

- **Tiomantas sinsear** – Leanbh a "ghealltar" do dhia dá mbeirtear sláintiúil é.
- **Sagairt occult** ag teagmháil leis an mbroinn le linn toirchis.
- **Ainmneacha comhaontaithe** a thugtar ag teaghlach — ag onóir banríona nó biotáillí mara gan a fhios dóibh.
- **Deasghnátha breithe** a dhéantar le huisce abhann, geataí, nó luibheanna ó scrínte.
- **Adhlacadh corda imleacáin** le draíocht.
- **Toircheas i dtimpeallachtaí occult** (e.g., lóisteanna Saormháisiúineachta, ionaid nua-aoise, cultacha ilghnéitheacha).

Beirtear roinnt leanaí ina sclábhaithe cheana féin. Sin é an fáth a mbíonn siad ag béicíl go foréigneach ag breith - mothaíonn a spiorad dorchadas.
Fíorscéal – "Ba leis an Abhainn mo Leanbh"
Bhí Jessica, as Siarra Leon, ag iarraidh a bheith torrach le cúig bliana. Faoi dheireadh, d'éirigh sí torrach tar éis do "fáidh" gallúnach a thabhairt di le folcadh leis agus ola le cuimilt ar a broinn. Rugadh an leanbh go láidir — ach faoi 3 mhí d'aois, thosaigh sé ag caoineadh gan stad, i gcónaí san oíche. Bhí fuath aige d'uisce, bhíodh sé ag screadaíl le linn folctha, agus chroitheadh sé go neamhrialaithe nuair a thugtaí in aice na habhann é.

Lá amháin, fuair a mac taomanna agus fuair sé bás ar feadh 4 nóiméad. Tháinig sé chun cinn — agus **thosaigh sé ag labhairt i bhfocail iomlána ag 9 mí d'aois** : "Ní bhaineann mé anseo. Is leis an mBanríon mé."

Bhí Jessica scanraithe agus d'iarr sí saoirse. Níor scaoileadh an leanbh saor ach amháin tar éis 14 lá de throscadh agus paidreacha tréigthe — b'éigean dá fear céile dealbh teaghlaigh a bhí i bhfolach ina shráidbhaile a scrios sula stop an phian.

Ní bheirtear leanaí gan aithne. Beirtear iad i gcathanna a chaithfimid a throid ar a son.

COMHTHREOMHAR DOMHANDA

- **An Afraic** – Altóirí abhann, coisriúcháin Mami Wata, deasghnátha broghais.
- **An Áise** – Spioraid uisce a thugtar chun solais le linn breitheanna Búdacha nó animisteacha.
- **An Eoraip** – Comhghuaillíochtaí mná cabhrach Druídeacha, deasghnátha uisce sinsearacha, tiomantais shaormháisúnacha.
- **Meiriceá Laidineach** – Ainmniú Santeria, spioraid aibhneacha (m.sh., Oshun), breith faoi chairteacha réalteolaíochta.
- **Meiriceá Thuaidh** – Deasghnátha breithe na hAoise Nua, breith hipneolaíoch le treoraithe spioradálta, "searmanais bheannachta" ag meáin.

Comharthaí de Bhanna Tionscnaithe ag an mBroinn

- Patrúin breith anabaí athfhillteacha trasna na nglún
- Sceimhle oíche i naíonáin agus i leanaí
- Neamhthorthúlacht gan mhíniú in ainneoin imréiteach leighis
- Brionglóidí uisce leanúnacha (aigéin, tuilte, snámh, maighdeana mara)
- Eagla neamhréasúnach roimh uisce nó báthadh
- Mothú "éilithe" — amhail is dá mbeadh rud éigin ag faire ó bhreith

---

Plean Gníomhaíochta — Briseadh an Chomhaontú Broinne

1. **Iarr ar an Spiorad Naomh** a nochtadh an ndearnadh tú (nó do leanbh) a thionscnamh trí dheasghnátha broinne.
2. **Tréigean** aon chonradh a rinneadh le linn toirchis — d'aon ghnó nó gan fhios duit.

3. **Guigh faoi do scéal breithe féin** — fiú mura bhfuil do mháthair ar fáil, labhair mar gheataire spioradálta dlíthiúil do shaoil.
4. **Troscadh le hÍseáia 49 agus Salm 139** – chun do phlean diaga a athghabháil.
5. **Má tá tú ag iompar clainne** : Ung do bholg agus labhair go laethúil faoi do leanbh gan bhreith:

"Tá sibh curtha ar leithligh don Tiarna. Ní bheidh aon spiorad uisce, fola ná dorchadais i seilbh oraibh. Is le hÍosa Críost sibh - corp, anam agus spiorad."

Iarratas Grúpa

- Iarr ar na rannpháirtithe a scríobh síos a bhfuil ar eolas acu faoina scéal breithe — lena n-áirítear deasghnátha, mná cabhrach, nó imeachtaí ainmniúcháin.
- Spreag tuismitheoirí chun a bpáistí a thiomnú as an nua i "Seirbhís Ainmniúcháin & Conradh atá Dírithe ar Chríost."
- Treoraigh paidreacha ag briseadh comhaontuithe uisce ag baint úsáide as *Íseáia 28:18*, *Colosaigh 2:14*, agus *Apacailipsis 12:11*.

Léargas Príomhúil

Is geata í an bhroinn — agus is minic a théann an té a théann tríd isteach le bagáiste spioradálta. Ach níl aon altóir broinne níos mó ná an Chrois.

Dialann Machnaimh

- An raibh aon réada, olaí, seodra, nó ainmneacha bainteach le mo ghiniúint nó mo bhreith?
- An mbíonn ionsaithe spioradálta orm a thosaigh i mo óige?
- An bhfuil comhaontuithe muirí tugtha agam do mo chlann gan fhios dom?

Paidir Scaoilte

A Athair Naofa, bhí aithne agat orm sular cruthaíodh mé. Inniu, brisim gach conradh i bhfolach, deasghnáth uisce, agus tiomantas deamhanach a rinneadh ag mo bhreith nó roimhe. Diúltaím do gach éileamh ar spioraid mhara, spioraid eolacha, nó altóirí broinne glúine. Lig d'fhuil Íosa mo scéal breithe agus scéal mo chlann a athscríobh. Rugadh mé ón Spiorad - ní ó altóirí uisce. In ainm Íosa. Áiméan.

LÁ 39: UISCE BAISTITHE I NGHLÁR — CONAS A OSCAILTEAR NAÍONÁIN, TOSACHAÍ AGUS COMHDHÉANTA NÍ FHEICTE DOIRSE

"Dhoirt siad fuil neamhchiontach, fuil a mac agus a n-iníonacha, a d'íobair siad d'íolta Chanán, agus thruaillíodh an tír lena gcuid fola." — Salm 106:38

"An féidir creach a thógáil ó laochra, nó braighdeáin a tharrtháil ó na fíochmhara?" Ach seo a deir an Tiarna: "Sea, tógfar braighdeáin ó laochra, agus aisghabhfar creach ó na fíochmhara..." — Íseáia 49:24-25

Níor cuireadh go leor cinniúint **as an áireamh le linn na haosachta amháin — fuadaíodh iad le linn na naíonachta**.

An searmanas ainmniúcháin sin a bhí neamhurchóideach...

An tumadh ócáideach sin in uisce abhann "chun an leanbh a bheannú"...

An bonn sa lámh... An gearradh faoin teanga... An ola ó "sheanmháthair spioradálta"... Fiú na litreacha tosaigh a tugadh ag breith...

D'fhéadfadh siad go léir a bheith cultúrtha. Traidisiúnta. Gan dochar.

Ach tá ríocht an dorchadais **i bhfolach sa traidisiún**, agus tá go leor páistí **tionscnaithe go rúnda** sular fhéadfaidís "Íosa" a rá riamh.

Fíorscéal – "Ainmníodh mé ag an abhainn"

I Háítí, tógadh buachaill darbh ainm Malick le heagla aisteach roimh aibhneacha agus stoirmeacha. Mar pháiste beag, thug a sheanmháthair chuig sruthán é le go gcuirfí "na spioraid" in aithne dó le haghaidh cosanta. Thosaigh sé ag cloisteáil guthanna faoi 7 mbliana d'aois. Ag 10 mbliana d'aois, bhíodh cuairteanna oíche aige. Faoi 14 bliana d'aois, rinne sé iarracht féinmharú a dhéanamh tar éis dó "láithreacht" a mhothú i gcónaí ina aice.

Ag cruinniú fuascailte, léirigh na deamhain go foréigneach, ag screadaíl, "Tháinig muid isteach san abhainn! Glaodh orainn de réir ainm!" Bhí a ainm,

" Malick ," mar chuid de thraidisiún ainmniúcháin spioradálta chun "onóir a thabhairt do bhanríon na habhann." Go dtí gur athainmníodh é i gCríost, lean an phian air. Anois, déanann sé aireacht i bhfuascailt i measc na hóige a bhí gafa i ndúthracht shinsearach.

Conas a Tharlaíonn Sé — Na Gaistí Folaithe

1. **Túslitreacha mar Chonradh**
   Feidhmíonn roinnt túslitreacha, go háirithe iad siúd atá ceangailte le hainmneacha sinsear, déithe teaghlaigh, nó déithe uisce (m.sh., "MM" = Mami/Marine; "OL" = Sliocht Oya/Orisha), mar shínithe deamhanacha.
2. **Tumthaí Naíonán in Aibhneacha/Srutháin.**
   Déantar iad seo "chun cosaint" nó "glanadh", agus is minic a bhíonn siad seo **ina mbaistí i spioraid mhara** .
3. **Searmanais Ainmniúcháin Rúnda**
   I gcás ina ndéantar ainm eile (difriúil ón gceann poiblí) a chogarnú nó a labhairt os comhair altóir nó scrín.
4. **Deasghnátha Comharthaí Breithe**
   Olaí, luaithreach nó fuil a chuirtear ar éadan nó ar ghéaga chun leanbh a "mharcáil" le haghaidh biotáillí.
5. **Adhlacadh Corda Imleacáin atá Cothaithe le hUisce**
   Cordaí imleacáin a scaoiltear isteach in aibhneacha, i srutháin, nó a adhlacadh le draíocht uisce—ag ceangal an linbh le haltóirí uisce.

Mura ndearna do thuismitheoirí conradh le Críost leat, is dócha go n-éiligh duine eile thú.

Cleachtais Dhomhanda um Cheangail Bhroinne Occult

- **An Afraic** – Ainmnigh leanaí i ndiaidh déithe abhann, cordaí a adhlacadh in aice le haltóirí mara.
- **Muir Chairib/Meiriceá Laidineach** – Deasghnátha baiste Santeria, coisriúcháin stíl Yoruba le luibheanna agus earraí abhann.
- **An Áise** – Deasghnátha Hiondúcha a bhaineann le huisce na Ganges, ainmniú a ríomhtar go réalteolaíoch ceangailte le spioraid

eiliminteacha.
- **An Eoraip** – Traidisiúin ainmniúcháin Druideacha nó esotericeacha ag glaoch ar chaomhnóirí foraoise/uisce.
- **Meiriceá Thuaidh** – Tiomantas deasghnátha dúchasacha, beannachtaí leanaí Wicca nua-aimseartha, searmanais ainmniúcháin ré nua ag glaoch ar "threoraithe ársa".

Conas a bheidh a fhios agam?

- Céasadh luath-óige gan mhíniú, tinnis, nó "cairde samhailteacha"
- Brionglóidí faoi aibhneacha, maighdeana mara, á dtóraíocht ag uisce
- Fuath do eaglaisí ach spéis i rudaí mistéireacha
- Braistint dhomhain go bhfuil tú "á leanúint" nó á faire ó bhreith
- Ag fáil amach dara hainm nó searmanas anaithnid a bhaineann le do naíonacht

Plean Gníomhaíochta – Fuascail an Naíonacht

1. **Fiafraigh den Spiorad Naomh** : Cad a tharla nuair a rugadh mé? Cé na lámha spioradálta a bhain liom?
2. **Tréig gach tiomantas ceilte** , fiú má rinneadh é in aineolas: "Diúltaím d'aon chonradh a rinneadh ar mo shon nach raibh leis an Tiarna Íosa Críost."
3. **Bris na naisc le hainmneacha, túslitreacha agus comharthaí sinsearacha** .
4. **Bain úsáid as Íseáia 49:24–26, Colosaigh 2:14, agus 2 Corantaigh 5:17** chun céannacht i gCríost a dhearbhú.
5. Más gá, **reáchtáil searmanas ath-thiomantais** — cuir tú féin (nó do chlann) i láthair Dé arís, agus dearbhaigh ainmneacha nua má iarrtar ort é a dhéanamh.

IARRATAS GRÚPA

- Tabhair cuireadh do na rannpháirtithe scéal a n-ainmneacha a thaighde.
- Cruthaigh spás le haghaidh athainmniú spioradálta má bhíonn sé faoi threoir — lig do dhaoine ainmneacha cosúil le "Dáíbh," "Eistear," nó féiniúlachtaí faoi threoir an spioraid a éileamh.
- Treoraigh an grúpa in *athbhaisteadh siombalach* tiomantais — ní tumoideachas uisce, ach ungadh agus conradh bunaithe ar bhriathar le Críost.
- Iarr ar thuismitheoirí conarthaí a bhriseadh thar a bpáistí i paidir: "Is le hÍosa sibh — níl aon bhunús dlíthiúil ag aon spiorad, abhainn ná nasc sinsearach."

Léargas Príomhúil

Tá tábhacht le do thús. Ach ní gá go sainmhíneoidh sé do dheireadh. Is féidir le habhainn fola Íosa gach éileamh abhann a bhriseadh.

Dialann Machnaimh

- Cad iad na hainmneacha nó na túslitreacha a tugadh dom, agus cad is brí leo?
- An raibh deasghnátha rúnda nó cultúrtha ann nuair a rugadh mé agus gá dom iad a thréigean?
- An bhfuil mo shaol – mo chorp, m'anam, m'ainm agus mo chéannacht – tiomnaithe agam i ndáiríre don Tiarna Íosa Críost?

Paidir Fuascailte

A Athair Dé, tagaim os do chomhair in ainm Íosa. Tréigim gach conradh, tiomantas agus deasghnáth a rinneadh ag mo bhreith. Diúltaím do gach ainmniú, tionscnamh uisce agus éileamh sinsearach. Cibé acu trí thúslitreacha, ainmniú nó altóirí ceilte - cealaím gach ceart deamhanach ar mo shaol. Dearbhaím anois gur leatsa mé go hiomlán. Tá m'ainm scríofa i Leabhar na Beatha. Tá mo stair clúdaithe ag fuil Íosa, agus tá mo chéannacht séalaithe ag an Spiorad Naomh. Áiméan.

LÁ 40: Ó SHABHÁILTE GO SABHÁLAÍ — IS DO PHIANE DO ORDÚ

"*Ach beidh an pobal a bhfuil aithne acu ar a nDia láidir, agus déanfaidh siad cleasa.*" — Daniel 11:32

"*Ansin thóg an Tiarna breithiúna suas, a shábháil iad ó lámha na gcreachadóirí seo.*" — Breithiúna 2:16

Níor saoradh thú le suí go ciúin sa séipéal.

Níor saoradh thú le maireachtáil. Saoradh thú **chun daoine eile a shaoradh**.

Chuir an Íosa céanna a leighis an duine a raibh deamhan air i Marcas 5 ar ais go Decapolis é chun an scéal a insint. Gan aon seimineár. Gan aon oirniú. **Fianaise dhóite** agus béal trí thine amháin.

Is tusa an fear sin. An bhean sin. An teaghlach sin. An náisiún sin.

Is é an pian a d'fhulaing tú d'arm anois.

Is é an crá a d'ealaigh tú ná do thrumpa. Is é an rud a choinnigh sa dorchadas thú anois **ardán do cheannais.**

Fíorscéal – Ó Bhrídeog Mhuirí go hAire Saoirse

Ba bhean chéile í Rebecca, as Camarún, le spiorad mara roimhe seo. Tionscnaíodh í ag 8 mbliana d'aois le linn searmanas ainmniúcháin cósta. Faoi 16 bliana d'aois, bhí sí ag déanamh gnéis i mbrionglóidí, ag rialú fir lena súile, agus bhí sí tar éis roinnt colscarthaí a chur faoi deara trí dhraíocht. Tugadh "an mallacht álainn" uirthi.

Nuair a bhuail sí leis an soiscéal san ollscoil, chuaigh a deamhain ar mire. Thóg sé sé mhí de throscadh, de shaoradh, agus de dheisceablaíocht dhomhain sular saoradh í.

Sa lá atá inniu ann, reáchtálann sí comhdhálacha fuascailte do mhná ar fud na hAfraice. Tá na mílte saoraithe trína humhlaíocht.

Cad a tharlódh dá mbeadh sí fós ina ciúin?

Ardú Aspalda — Tá Seachadóirí Domhanda á mBreith

- **San Afraic**, tá iar-dhochtúirí draíochta ag cur séipéil anois.
- **San Áise**, seanmóiríonn iar-Bhúdaigh Críost i dtithe rúnda.
- **I Meiriceá Laidineach**, briseann iar-shagairt Santeria altóirí anois.
- **San Eoraip**, bíonn iar-dheamchaithe ag treorú staidéir Bhíobla léiritheacha ar líne.
- **I Meiriceá Thuaidh**, tá marthanóirí meabhlaireachta na haoise nua i gceannas ar Zooms saortha gach seachtain.

Is iadsan **na daoine neamhchosúla**, na cinn briste, iar-sclábhaithe an dorchadais atá ag máirseáil anois sa solas - agus **is duine acu tusa**.

Plean Gníomhaíochta Deiridh – Téigh i dTeagmháil le do Ghlao

1. **Scríobh do fhianaise** — fiú mura bhfuil tú den tuairim go bhfuil sí drámatúil. Tá do scéal saoirse ag teastáil ó dhuine éigin.
2. **Tosaigh beag** — Guigh ar son cara. Reáchtáil staidéar Bíobla. Roinn do phróiseas saoirse.
3. **Ná stop ag foghlaim choíche** — Fanann seachadóirí sa Bhriathar, fanann siad aithrí, agus fanann siad géar.
4. **Clúdaigh do theaghlach** — Dearbhaigh gach lá go stopann an dorchadas leatsa agus le do chlann.
5. **Dearbhaigh criosanna cogaidh spioradálta** — Do láthair oibre, do theach, do shráid. Bí i do gheataire.

Coimisiúnú Grúpa

Ní hamháin go bhfuil an lá inniu ina dheasghnáth - is **searmanas coimisiúnaithe é**.

- Ungaigí cinn a chéile le hola agus abair:

"Tá tú saortha le saoradh. Éirigh, a Bhreitheamh Dé."

- Dearbhaigh os ard mar ghrúpa:

"Ní marthanóirí muid a thuilleadh. Is laochra muid. Iompraímid solas, agus crithimid an dorchadas."

- Ceap péirí paidreacha nó comhpháirtithe cuntasachta chun leanúint ar aghaidh ag fás i misneach agus i dtionchar.

Léargas Príomhúil
Ní saoirse amháin atá an díoltas is mó i gcoinne ríocht an dorchadais. Is iolrú atá ann.

Dialann Machnaimh Deiridh

- Cén nóiméad a bhí a fhios agam go raibh mé tar éis trasnú ón dorchadas go dtí an solas?
- Cé a chaithfidh mo scéal a chloisteáil?
- Cá bhféadfainn tosú ag lonrú solais d'aon ghnó an tseachtain seo?
- An bhfuilim sásta go ndéanfaí magadh fúm, go dtuigfí mé i mo mhíthuiscint, agus go gcuirfí i gcoinne mé — ar mhaithe le daoine eile a shaoradh?

Paidir Choimisiúnaithe
A Athair Dé, gabhaim buíochas leat as 40 lá de thine, de shaoirse agus de fhírinne. Níor shábháil tú mé díreach le foscadh a thabhairt dom - shaor tú mé chun daoine eile a shaoradh. Inniu, glacaim leis an gclúdach seo. Is claíomh é mo fhianaise. Is airm iad mo chréachta. Is casúir iad mo ghuí. Is adhradh é mo umhlaíocht. Siúlaim anois in ainm Íosa - mar thosaitheoir tine , mar shaoradóir, mar iompróir solais. Is leatsa mé. Níl aon áit ag an dorchadas ionam, agus níl aon áit timpeall orm. Glacaim mo áit. In ainm Íosa. Áiméan.

DEARBHÚ LAETHÚIL 360° AR FHÁIL AGUS RIALACHAS – Cuid 1

"*Ní éireoidh le haon arm a chruthófar i do choinne, agus gach teanga a éireoidh i do choinne i mbreithiúnas, daorfaidh tú í. Seo oidhreacht sheirbhísigh an Tiarna...*" — Íseáia 54:17

Inniu agus gach lá, glacaim mo sheasamh go hiomlán i gCríost — spiorad, anam agus corp.

Dúnaim gach doras — aitheanta agus anaithnid — chuig ríocht an dorchadais.

Brisim gach teagmháil, conradh, conradh, nó comaoineach le haltóirí olca, spioraid sinsear, céilí spioradálta, cumainn occult, draíocht, agus comhghuaillíochtaí deamhanta - le fuil Íosa!

Dearbhaím nach bhfuil mé ar díol. Níl mé inrochtana. Níl mé inearcaithe. Níl mé aththionscnaithe.

Gach athghairm shátánach, faireachas spioradálta, nó gairm olc — scaiptear le tine í, in ainm Íosa!

Ceanglaím mé féin le hintinn Chríost, le toil an Athar, agus le guth an Spioraid Naoimh.

Siúlaim i solas, i bhfírinne, i gcumhacht, in íonacht, agus i gcuspóir.

Dhún mé gach tríú súil, geata síceach, agus tairseach neamhnaofa a osclaítear trí bhrionglóidí, tráma, gnéas, deasghnátha, na meáin, nó teagasc bréagach.

Lig tine Dé gach taisce mídhleathach i m'anam a ídiú, in ainm Íosa.

Labhraím leis an aer, leis an talamh, leis an bhfarraige, leis na réaltaí, agus leis na flaithis — ní oibreoidh sibh i mo choinne.

Gach altóir, gníomhaire, faireoir, nó deamhan cogarnach i bhfolach atá sannta i gcoinne mo shaol, mo theaghlaigh, mo ghlao, nó mo chríche — díarmálfar agus cuirtear ina dtost iad le fuil Íosa!

Tumaim m'intinn i mBriathar Dé.

Dearbhaím go bhfuil mo bhrionglóidí naofa. Tá mo smaointe faoi chosaint. Tá mo chodladh naofa. Is teampall tine é mo chorp.

Ón nóiméad seo ar aghaidh, siúlaim i saoradh 360 céim — níl aon rud i bhfolach, níl aon rud caillte.

Bristear gach daoirse atá ann faoi láthair. Bristear gach cuing glúine. Nochtar agus glantar gach peaca gan aithreachas.

Dearbhaím:

- **Níl aon smacht ag an dorchadas orm.**
- **Is crios dóiteáin é mo theach.**
- **Tá mo gheataí séalaithe i nglóir.**
- **Mairim in umhlaíocht agus siúlaim i gcumhacht.**

Éirím mar shaoradóir do mo ghlúin.

Ní fhéachfaidh mé siar. Ní rachaidh mé siar. Is solas mé. Is tine mé. Táim saor. In ainm chumhachtach Íosa. Áiméan!

DEARBHÚ LAETHÚIL 360° AR FHÁIL AGUS RIALACHAS – Cuid 2

Cosaint ó dhraíocht, draíocht, necromancers, meáin, agus bealaí deamhanacha
Saoirse duit féin agus do dhaoine eile faoina dtionchar nó faoina mbáinne
Glanadh agus clúdach trí fhuil Íosa
Athchóiriú na folláine, na féiniúlachta agus na saoirse i gCríost
Cosaint agus Saoirse ó Dhraíocht, ó Mheáin, ó Néacramhóirí, agus ó Bhreith Spioradálta
(Trí Fhuil Íosa agus Briathar Ár dTeistiméireachta)
"Agus bhuaigh siad air trí fhuil an Uain, agus trí bhriathar a bhfianaise..."
— *Apacailipsis 12:11*
"Cuireann an Tiarna ... comharthaí na bhfáithe bréagacha faoi chois agus déanann sé amadáin de na fáistinéirí ... daingníonn sé focal a shearbhónta agus comhlíonann sé comhairle a theachtairí."
— *Íseáia 44:25–26*
"Tá Spiorad an Tiarna orm...chun saoradh a fhógairt do na braighdeana agus scaoileadh saor dóibh siúd atá ceangailte..."
— *Lúcás 4:18*
URNAÍ TOSAIGH:
A Athair Dé, tagaim go dána inniu le fuil Íosa. Aithním an chumhacht i d'ainm agus dearbhaím gurb tusa amháin mo shaoradóir agus mo chosantóir. Seasaim mar do sheirbhíseach agus mar fhinné, agus dearbhaím do Bhriathar le dána agus le húdarás inniu.

DEARBHUITHE COSANTA AGUS SAORÁLA

1. Saoradh ó Dhraíocht, ó Mheáin, ó Néacramhóirí, agus ó Thionchar Spioradálta:

- Brisim **agus tréigim** gach mallacht, geasa, fáistine, draíocht, ionramháil, monatóireacht, teilgean astral, nó nasc anama—a labhraítear nó a ghníomhaítear—trí dhraíocht, necromancy, meáin, nó bealaí spioradálta.
- Dearbhaím **go bhfuil** fuil **Íosa** in aghaidh gach spioraid neamhghlan a fhéachann le mé féin nó mo theaghlach a cheangal, a chur ar seachrán, a mhealladh nó a ionramháil.
- Ordaím **gach cur isteach spioradálta, seilbh, cos ar bolg, nó daoirse anama** a bhriseadh anois ag an údarás in ainm Íosa Críost.
- Labhraím **faoi shaoradh dom féin agus do gach duine atá, go feasach nó gan a fhios, faoi thionchar draíochta nó solais bhréagaigh** . Tar amach anois! Bí saor, in ainm Íosa!
- Iarraim ar thine Dé **gach cuing spioradálta, conradh satánach, agus altóir** a thógtar sa spiorad chun ár gcinniúint a sclábhaíocht nó a ghaisteáil a dhó.

"Níl aon gheasa in aghaidh Iacóib, ná aon fháistine in aghaidh Iosrael."
— *Uimhreacha 23:23*

2. Glanadh agus Cosaint Féin, Leanaí, agus Teaghlaigh:

- Impím fuil Íosa thar m'intinn , **m'anam, mo spiorad, mo chorp, mo chuid mothúchán, mo theaghlach, mo leanaí, agus mo chuid oibre.**
- Dearbhaím: Tá mise agus mo theach **séalaithe ag an Spiorad Naomh agus i bhfolach le Críost i nDia.**
- Ní bheidh rath ar aon arm a dhéantar inár n-aghaidh. Gach teanga a labhraíonn olc inár n-aghaidh, cuirtear **breithiúnas uirthi agus cuirtear ina tost í** in ainm Íosa.
- Tréigim agus teilgim amach gach **spiorad eagla, céasta, mearbhaill, mealladh nó smachta** .

"Is mise an Tiarna, a chuireann comharthaí na mbréagadóirí ar neamhní..." — *Íseáia 44:25*

3. Athchóiriú Céannachta, Cuspóra, agus Intinne Shláin:

- Athéilím gach cuid de m'anam agus de m'aitheantas a **trádáileadh, a gabhadh nó a goideadh** trí mheabhlaireacht nó comhréiteach spioradálta.
- Dearbhaím: Tá **intinn Chríost agam**, agus siúlaim i soiléireacht, in eagna agus in údarás.
- Dearbhaím: Táim **saor ó gach mallacht glúine agus ó gach draíocht tí**, agus siúlaim i gconradh leis an Tiarna.

"Níor thug Dia spiorad eagla dom, ach spiorad cumhachta, grá agus slán intinne." — *2 Tiomóid 1:7*

4. Clúdach Laethúil agus Bua i gCríost:

- Dearbhaím: Inniu, siúlaim faoi **chosaint, faoi mheas agus faoi síocháin dhiaga**.
- Labhraíonn fuil Íosa **rudaí níos fearr** fúmsa—cosaint, leigheas, údarás agus saoirse.
- Tá gach olc atá leagtha síos don lá seo curtha ar ceal. Siúlaim i mbua agus i dtréith i gCríost Íosa.

"Titfidh míle le mo thaobh agus deich míle le mo dheis, ach ní thiocfaidh siad i ngar dom..." — *Salm 91:7*

DEARBHAÍOCHT AGUS FIANAISE DEIRIDH:

"Sháraím gach cineál dorchadais, draíochta, neacramaince, draíochta, ionramháil shíceach, cur isteach ar anam, agus aistriú spioradálta olc—ní le mo neart féin ach **le fuil Íosa agus le Briathar mo fhianaise**."

"Dearbhaím: **Táim saor. Tá mo theaghlach saor.** Tá gach cuing fholaithe briste. Tá gach gaiste nochtaithe. Tá gach solas bréagach múchta. Siúlaim i saoirse. Siúlaim san fhírinne. Siúlaim i gcumhacht an Spioraid Naoimh."

"Deimhníonn an Tiarna focal a shearbhónta agus comhlíonann sé comhairle a theachtaire. Mar sin a bheidh sé inniu agus gach lá feasta."

In ainm cumhachtach Íosa, **Amen.**

TAGAIRTÍ SCRÍOBTHÓIR:

- Íseáia 44:24–26
- Apacailipsis 12:11
- Íseáia 54:17
- Salm 91
- Uimhreacha 23:23
- Lúcás 4:18
- Eifeasaigh 6:10–18
- Colosaigh 3:3
- 2 Tiomóid 1:7

DEARBHÚ LAETHÚIL 360° AR SHÁBHÁILTEACHT & TIARNAS - Cuid 3

"*Is fear cogaidh an Tiarna: an Tiarna is ainm dó.*" — Eaxodus 15:3
"*Bhuaigh siad air le fuil an Uain agus le briathar a bhfianaise...*" — Apacailipsis 12:11

Inniu, éirím agus glacaim mo áit i gCríost - suím in áiteanna neamhaí, i bhfad os cionn gach prionsabail, cumhachta, ríchathaoir, tiarnas, agus gach ainm a ainmnítear.

Tréigim

Tréigim gach conradh, mionn nó tionscnamh, aitheanta agus anaithnid:

- Saormhaisiúnacht (1ú go 33ú céim)
- Kabbala agus misteachas Giúdach
- Réalta an Oirthir agus na Roisicrúsaigh
- Orduithe Íosánacha agus Illuminati
- Bráithreachais Shatánacha agus seicteanna Luciferian
- Biotáillí mara agus comhaontuithe faoi uisce
- Nathair Kundalini, ailínithe chakra, agus gníomhachtuithe tríú súl
- Meabhlaireacht na hAoise Nua, Reiki, ióga Críostaí, agus taisteal astral
- Draíocht, draíocht, neacramancy, agus conarthaí astral
- Naisc anamacha occult ó ghnéas, deasghnátha, agus comhaontuithe rúnda
- Mionnaí Maosónacha thar mo shliocht fola agus sagartacht mo shinsear

Gearraim gach corda imleacáin spioradálta chuig:

- Altóirí fola ársa

- Tine fáidhiúil bréagach
- Céilí spioradálta agus ionróirí aislingí
- Geoiméadracht naofa, cóid solais, agus doctríní dlí uilíocha
- Críostaí bréagacha , spioraid eolacha, agus spioraid naofa góchumtha

Lig do fhuil Íosa labhairt ar mo shon. Lig do gach conradh a bheith stróicthe. Lig do gach altóir a bheith briste. Lig do gach céannacht dheamhanach a bheith scriosta — anois!

DEARBHAÍM
Dearbhaím:

- Is teampall beo an Spioraid Naoimh mo chorp.
- Tá clogad na slánaithe ag cosaint m'intinne.
- Naomhaítear m'anam gach lá trí níochán an Bhriathair.
- Glantar mo chuid fola ag Calvary.
- Tá mo bhrionglóidí séalaithe i solas.
- Tá m'ainm scríofa i Leabhar Beatha an Uain — ní in aon chlárlann, lóiste, leabhar loga, scrolla ná séala occult!

ORDAÍM
Ordaím:

- Gach gníomhaire dorchadais — breathnóirí, monatóirí, teilgeoirí astral — le bheith dallta agus scaipthe.
- Gach ceangal leis an domhan thíos, leis an domhan muirí, agus leis an eitleán astral — bristear iad!
- Gach marc dorcha, ionchlannán, créacht dheasghnátha, nó brandáil spioradálta — glantar le tine iad!
- Gach spiorad eolach a chogarnaíonn bréaga — bíodh tost ort anois!

DÍGHEALLAIM
Dícheanglaim ó:

- Gach amlíne deamhanach, príosúin anama, agus cageanna spiorad
- Gach rangú agus céim de chuid na sochaí rúnda

- Gach brat bréagach, ríchathaoir nó coróin a chaith mé
- Gach céannacht nach le Dia a cruthaíodh
- Gach comhghuaillíocht, cairdeas nó caidreamh a chumhachtaítear ag córais dhorcha

BUNAIMH
Bunaím:

- Balla dóiteáin glóire timpeall orm féin agus ar mo theaghlach
- Aingil naofa ag gach geata, portal, fuinneog agus cosán,
- Íonacht i mo mheáin, i mo cheol, i mo chuimhní cinn agus i mo intinn
- An fhírinne i mo chairdeas, i mo mhinistreacht, i mo phósadh agus i mo mhisean
- Cumann gan bhriseadh leis an Spiorad Naomh

CUIRIM ISTEACH
Géillim go hiomlán d'Íosa Críost -
an tUan a maraíodh, an Rí a rialaíonn , an Leon a bhéiceann.
Roghnaím solas. Roghnaím an fhírinne. Roghnaím umhlaíocht.
Ní bhaineann mé le ríocht dhorcha an tsaoil seo.
Baineann mé le Ríocht ár nDé agus a Chríost.
TUGANN MÉ RABHADH DON NAMHAID
Leis an dearbhú seo, eisím fógra chuig:

- Gach prionsacht ardchéime
- Gach spiorad rialaithe thar chathracha, línte fola agus náisiúin,
- Gach taistealaí astral, cailleach, draoi, nó réalta tite...

Is maoin dothuigthe mé.
Níl m'ainm le fáil i do chartlann. Níl m'anam ar díol. Tá mo bhrionglóidí faoi smacht. Ní hé mo chorp do theampall. Ní hé mo thodhchaí do chlós súgartha. Ní fhillfidh mé ar dhaoirse. Ní dhéanfaidh mé timthriallta sinsearacha arís. Ní iompróidh mé tine aisteach. Ní bheidh mé i mo áit scíthe do nathracha.

SÉALAIM

Séalaím an dearbhú seo le:

- Fuil Íosa
- Tine an Spioraid Naoimh
- Údarás an Bhriathair
- Aontacht Chorp Chríost
- Fuaim mo fhianaise

In ainm Íosa, Amen agus Amen

CONCLÚID: Ó MHARTHANAS GO MACACHT — FANACHT SAOR, MAIREACHTÁIL SAOR, DAOINE EILE A SHAORÚ

"*Seas go daingean, dá bhrí sin, sa tsaoirse lenar shaor Críost sinn, agus ná lig cuing na daoirse oraibh arís.*" — Galataigh 5:1

"*Thug sé amach as an dorchadas agus as scáth an bháis iad, agus bhris sé a slabhraí ina phíosaí.*" — Salm 107:14

Ní raibh na 40 lá seo riamh faoi eolas amháin. Bhí siad faoi **chogaíocht**, **múscailt**, agus **siúl i réimeas**.

Chonaic tú conas a oibríonn an ríocht dhorcha — go seiftiúil, ó ghlúin go glúin, uaireanta go hoscailte. Thaistil tú trí gheataí sinsear, ríocht aislingí, comhaontuithe occultacha, deasghnátha domhanda, agus céasadh spioradálta. Tá fianaise ar phian dochreidte feicthe agat — ach freisin **ar shaoradh radacach**. Bhris tú altóirí, thréig tú bréaga, agus thug tú aghaidh ar rudaí a bhfuil eagla ar go leor pulpití a ainmniú.

ACH NÍ hé seo an deireadh.

Anois tosaíonn an turas fíor: **Do shaoirse a choinneáil. Maireachtáil sa Spiorad. An bealach amach a mhúineadh do dhaoine eile.**

Is furasta dul trí 40 lá tine agus filleadh ar an Éigipt. Is furasta altóirí a leagan agus iad a atógáil in uaigneas, i ndúil nó i dtuirse spioradálta.

Ná déan.

Ní **sclábhaí rothair thú a thuilleadh**. Is **faire** ar an mballa thú. **Geatóir** do do theaghlach. **Laoch** do do chathair. **Guth** do na náisiúin.

7 MUIREAR DEIREANACH DÓIBH SIÚD A SIÚLÓIDH I RIALACHAS

1. Cosain do gheataí

Ná hathoscail doirse spioradálta trí chomhréiteach, éirí amach, caidrimh ná fiosracht.

"Ná tabhair áit don diabhal." — Eifeasaigh 4:27

2. **Smachtaigh do ghoile**
   Ba chóir go mbeadh troscadh mar chuid de do rithim mhíosúil. Ailíníonn sé an t-anam agus coinníonn sé do fheoil faoi ghéilleadh.

3. **Tiomna don íonacht.**
   Mothúchánach, gnéasach, briathartha, amhairc. Is é an neamhíonacht an geata is mó a úsáideann deamhain chun dreapadh isteach arís.

4. **an**
   Scrioptúr a mháistir. Is é do chlaíomh, do sciath agus do arán laethúil é. *"Lig do bhriathar Chríost cónaí ionat go flúirseach..."* (Col. 3:16)

5. **Aimsigh do threibh.**
   Níor ceapadh riamh go siúlfaí saoradh leat féin. Tóg, fónamh, agus leigheas i bpobal atá lán den Spiorad.

6. **Glac le fulaingt**
   Sea — fulaingt. Ní bhíonn gach crá deamhanach. Bíonn cuid di ag naomhú. Siúil tríd. Tá glóir romhat.
   "Tar éis tamaill bhig d'fhulaingt... Neartóidh, socróidh agus daingneoidh sé sibh." — 1 Peadar 5:10

7. **Múin do dhaoine eile**
   an rud a fuair tú go saor — tabhair saor anois. Cabhraigh le daoine eile a bheith saor. Tosaigh le do theach, le do chiorcal, le d'eaglais.

Ó SEACHADADH CHUIG DEISCEABAL

Is glao domhanda é an adhradh seo — ní hamháin ar leigheas ach ar arm le hardú.

Tá sé **in am do na haoirí** a bhfuil boladh cogaidh acu.

Tá sé **in am do na fáithe** nach mbíonn ag géilleadh do nathracha.

Tá sé **in am do mháithreacha agus d'aithreacha** comhaontuithe glúnta a bhriseann agus altóirí na fírinne a thógáil.

Tá sé **in am do náisiúin** a bheith ar an eolas, agus don Eaglais gan a bheith ina tost a thuilleadh.

IS TUSA AN DIFRÍOCHT

Tá tábhacht leis an áit a dtéann tú as seo. Tá tábhacht leis an méid a iompraíonn tú. Is é an dorchadas as ar tarraingíodh thú an chríoch chéanna atá faoi do smacht anois.

Ba é an tsaoirse do cheart breithe. Is é an tiarnas do chlúmh.

Siúil ann anois.

PAIDIR DHEIREANNACH

A Thiarna Íosa, go raibh maith agat as siúl liom na 40 lá seo. Go raibh maith agat as an dorchadas a nochtadh, na slabhraí a bhriseadh, agus mé a ghlaoch chuig áit níos airde. Diúltaím filleadh. Brisim gach comhaontú le heagla, amhras, agus teip. Glacaim le mo shannadh ríochta le misneach. Bain úsáid asam chun daoine eile a shaoradh. Líon mé leis an Spiorad Naomh go laethúil. Lig do mo shaol a bheith ina arm solais - i mo theaghlach, i mo náisiún, i gCorp Chríost. Ní bheidh mé ciúin. Ní bheidh mé buailte. Ní thabharfaidh mé suas. Siúlaim ón dorchadas go dtí an ceannas. Go deo. In ainm Íosa. Áiméan.

Conas a Bheith Athbheirthe agus Saol Nua a Thosú le Críost

B'fhéidir gur shiúil tú le hÍosa cheana, nó b'fhéidir gur bhuail tú leis le linn na 40 lá seo. Ach faoi láthair, tá rud éigin istigh ionat ag corraí.

Tá tú réidh le haghaidh níos mó ná reiligiún.

Tá tú réidh le haghaidh **caidrimh**.

Tá tú réidh le rá, "A Íosa, tá tú de dhíth orm."

Seo an fhírinne:

"Óir pheacaigh gach duine; ní shroicheann muid uile caighdeán glórmhar Dé... ach déanann Dia, ina ghrásta, sinn a cheartú ina láthair go saor."

— Rómhánaigh 3:23–24 (NLT)

Ní féidir leat slánú a thuilleamh.

Ní féidir leat tú féin a dheisiú. Ach d'íoc Íosa an praghas iomlán cheana féin - agus tá sé ag fanacht le fáilte a chur romhat abhaile.

Conas a Bheith Rugadh Arís

CIALLAÍONN ATHBHREITH do shaol a thabhairt suas d'Íosa — glacadh lena mhaithiúnas, a chreidiúint gur bhásaigh sé agus gur aiséirigh sé arís, agus glacadh leis mar do Thiarna agus do Shlánaitheoir.

Tá sé simplí. Tá sé cumhachtach. Athraíonn sé gach rud.

Guigh Seo Os Ard:

"A THIARNA ÍOSA, CREIDIM gur Mac Dé thú . Creidim gur fuair tú bás ar son mo pheacaí agus gur aiséirigh tú arís.

Admhaím gur pheacaigh mé agus go bhfuil do mhaithiúnas ag teastáil uaim.

Inniu, déanaim aithrí agus casaim ó mo sheanbhealaí.

Tugaim cuireadh duit isteach i mo shaol le bheith i mo Thiarna agus i mo Shlánaitheoir.

Nigh mé glan. Líon mé le do Spiorad.

Dearbhaím gur rugadh mé arís, gur maithiúnas mé, agus gur saor mé.

Ón lá seo ar aghaidh, leanfaidh mé thú -

agus mairfidh mé i do chéimeanna.

Go raibh maith agat as mé a shábháil. In ainm Íosa, amen."

Céimeanna Eile Tar éis an tSlánaithe

1. **Inis do Dhuine Eile** – Roinn do chinneadh le creidmheach a bhfuil muinín agat as.
2. **Aimsigh Eaglais atá Bunaithe ar an mBíobla** – Bí páirteach i bpobal a mhúineann Briathar Dé agus a mhaireann de réir a fheidhme. Tabhair cuairt ar aireachtaí God's Eagle ar líne trí https://www.otakada.org [1] nó https://chat.whatsapp.com/H67spSun32DDTma8TLh0ov
3. **Faigh Baisteadh** – Glac an chéad chéim eile chun do chreideamh a dhearbhú go poiblí.
4. **Léigh an Bíobla go laethúil** – Tosaigh le Soiscéal Eoin.
5. **Guí Gach Lá** – Labhair le Dia mar chara agus mar Athair.
6. **Fan Ceangailte** – Timpeallaigh tú féin le daoine a spreagann do shiúlóid nua.
7. **Tosaigh Próiseas Deisceablachta laistigh den phobal** – Forbair caidreamh duine le duine le hÍosa Críost trí na naisc seo

Deisceablaíocht 40 lá 1 - https://www.otakada.org/get-free-40-days-online-discipleship-course-in-a-journey-with-jesus/

40 Deisceabal 2 - https://www.otakada.org/get-free-40-days-dna-of-discipleship-journey-with-jesus-series-2/

---

[1]. https://www.otakada.org

Mo Nóiméad Slánaithe

D áta : _____
　　Síniú : _____

"Má tá duine ar bith i gCríost, is cruthú nua é; tá an sean imithe, tá an nua tagtha!"
　— 2 Corantaigh 5:17

Teastas Saoil Nua i gCríost

Dearbhú Slánaithe – Rugadh Arís le Grás

Deimhníonn sé seo go

_____

(AINM IOMLÁN)

creideamh in Íosa Críost mar Thiarna agus mar Shlánaitheoir
dearbhaithe go poiblí aige agus tá bronntanas saor in aisce na slánaithe faighte aige trína bhás agus a aiséirí.

"Má dhearbhaíonn tú go hoscailte gurb é Íosa an Tiarna agus má chreideann tú i do chroí gur thóg Dia ó mhairbh é, slánófar thú."
— Rómhánaigh 10:9 (NLT)

Ar an lá seo, déanann neamh lúcháir agus tosaíonn turas nua.

Dáta an Chinnidh : _____

Síniú : _____

Dearbhú an tSlánaithe

"INNIU, TUGAIM MO SHAOL do Íosa Críost.

Creidim gur bhásaigh sé ar son mo pheacaí agus gur aiséirigh sé arís. Glacaim leis mar mo Thiarna agus mo Shlánaitheoir. Tá maithiúnas faighte agam, rugadh mé arís, agus rinneadh mé nua. Ón nóiméad seo ar aghaidh, siúlfaidh mé ina chéimeanna."

Fáilte go dtí Teaghlach Dé!

TÁ D'AINM SCRÍOFA I Leabhar Beatha an Uain.

Níl ach tús curtha le do scéal - agus tá sé síoraí.

CEANGAIL LE AIREACHTAÍ IOLAIR DÉ

- Suíomh Gréasáin: www.otakada.org[1]
- Sraith Saibhreas Thar Imní: www.wealthbeyondworryseries.com[2]
- Ríomhphost: ambassador@otakada.org

- **Tacaigh leis an obair seo:**

Tacaigh le tionscadail ríochtúla, misin, agus acmhainní domhanda saor in aisce trí bhronntanais faoi stiúir conradh.
Scanáil an Cód QR le Tabhairt
https://tithe.ly/give?c=308311
Cuidíonn do fhlaithiúlacht linn níos mó anamacha a bhaint amach, acmhainní a aistriú, misinéirí a thacú, agus córais dheisceabail a thógáil ar fud an domhain. Go raibh maith agat!

---

1. https://www.otakada.org
2. https://www.wealthbeyondworryseries.com

3. BÍ LINN INÁR BPOBAL Conradh WhatsApp

Faigh nuashonruithe, ábhar adhlactha, agus déan nasc le creidmhigh ar fud an domhain atá ar intinn acu faoin gconradh.

Scanáil le bheith páirteach

https://chat.whatsapp.com/H67spSun32DDTma8TLh0ov

LEABHAIR AGUS ACMHAINNE MOLTA

- *Saor ó Chumhacht an Dorchadais* (**Clúdach Bog**) — Ceannaigh Anseo [1] | Ríomhleabhar [2] ar Amazon [3]

- **Léirmheasanna is Fearr ó Stáit Aontaithe Mheiriceá:**
    - **Custaiméir Kindle** : "An léamh Críostaí is fearr riamh!" (5 réalta)

---

1. https://shop.ingramspark.com/b/084?params=oeYbAkVTC5ao8PfdVdzwko7wi6IQimgJY2779NaqG4e
2. https://www.amazon.com/Delivered-Power-Darkness-AFRICAN-DELIVERED-ebook/dp/B0CC5MM4MV
3. https://www.amazon.com/Delivered-Power-Darkness-AFRICAN-DELIVERED-ebook/dp/B0CC5MM4MV

MOLADH A ÍOSA AS AN bhfianaise seo. Táim chomh beannaithe agus molfainn do gach duine an leabhar seo a léamh... Óir is é an bás pá an pheaca ach is é bronntanas Dé an bheatha shíoraí. Shalom! Shalom!

- **Da Gster** : "Is leabhar an-suimiúil agus sách aisteach é seo." (5 réalta)

Más fíor an méid atá ráite sa leabhar, táimid i bhfad taobh thiar de na rudaí atá an namhaid in ann a dhéanamh! ... Riachtanach d'aon duine ar mian leis foghlaim faoi chogaíocht spioradálta.

- **Visa** : "Is breá liom an leabhar seo" (5 réalta)

Seo oscailt súl dom... admháil fhíor... Le déanaí bhí mé ag cuardach i ngach áit le ceannach. Táim an-sásta é a fháil ó Amazon.

- **FrankJM** : "Go hiomlán difriúil" (4 réalta)

Cuireann an leabhar seo i gcuimhne dom cé chomh fíor is atá an chogaíocht spioradálta. Tugann sé chun cuimhne dom freisin an chúis le "Lánarmúr Dé" a chur ort.

- **JenJen** : "Gach duine ar mian leis dul go dtí na bhFlaitheas - léigh é seo!" (5 réalta)

D'athraigh an leabhar seo mo shaol go mór. Mar aon le fianaise John Ramirez, cuirfidh sé ar do chreideamh breathnú ar bhealach difriúil. Léigh mé é sé huaire!

- *Iar-Shátanaí: Malartán James* (Clúdach Bog) — Ceannaigh Anseo [4]| Ríomhleabhar [5]ar Amazon[6]

---

4. https://shop.ingramspark.com/b/
   084?params=I2HNGtbqJRbal8OxU3RMTApQsLLxcUCTC8zUdzDy0W1

5. https://www.amazon.com/JAMESES-Exchange-Testimony-High-Ranking-Encounters-ebook/dp/
   B0DJP14JLH

6. https://www.amazon.com/JAMESES-Exchange-Testimony-High-Ranking-Encounters-ebook/dp/
   B0DJP14JLH

- ***FIANAISE IAR-SHATANACH Afracach*** - *An tUrramach JONAS LUKUNTU MPALA* (Clúdach Bog) — Ceannaigh Anseo [7]| Ríomhleabhar [8]ar Amazon[9]

- *Greater Exploits 14* (Clúdach Bog) — Ceannaigh Anseo [10]| Ríomhleabhar [11]ar Amazon[12]

---

7. https://shop.ingramspark.com/b/084?params=0Aj9Sze4cYoLM5OqWrD20kgknXQQqO5AZYXcWtoMqWN

8. https://www.amazon.com/TESTIMONY-African-EX-SATANIST-Pastor-Jonas-ebook/dp/B0DJDLFKNR

9. https://www.amazon.com/TESTIMONY-African-EX-SATANIST-Pastor-Jonas-ebook/dp/B0DJDLFKNR

10. https://shop.ingramspark.com/b/084?params=772LXinQn9nCWcgq572PDsqPjkTJmpgSqrp88b0qzKb

11. https://www.amazon.com/Greater-Exploits-MYSTERIOUS-Strategies-Countermeasures-ebook/dp/B0CGHYPZ8V

12. https://www.amazon.com/Greater-Exploits-MYSTERIOUS-Strategies-Countermeasures-ebook/dp/B0CGHYPZ8V

- *As Coire an Diabhail* le John Ramirez — Ar fáil ar Amazon[13]
- *Tháinig sé chun na mbraighdean a shaoradh* le Rebecca Brown — Faigh ar Amazon[14]

Leabhair eile foilsithe ag an údar – Os cionn 500 teideal
Grá, Roghnaithe agus Iomlán : Turas 30 Lá ó Dhiúltú go **hAthchóiriú**
aistrithe go 40 teanga ar fud an domhain
https://www.amazon.com/Loved-Chosen-Whole-Rejection-Restoration-ebook/dp/B0F9VSD8WL
https://shop.ingramspark.com/b/
084?params=xga0WR16muFUwCoeMUBHQ6HwYjddLGpugQHb3DVa5hE

---

13. https://www.amazon.com/Out-Devils-Cauldron-John-Ramirez/dp/0985604306
14. https://www.amazon.com/He-Came-Set-Captives-Free/dp/0883683239

Ina Chéimeanna — Dúshlán 40 Lá WWJD:
Ag Maireachtáil Cosúil le Íosa i Scéalta Saoil Fíor ar Fud an Domhain

https://www.amazon.com/His-Steps-Challenge-Real-Life-Stories-ebook/dp/B0FCYTL5MG

https://shop.ingramspark.com/b/084?params=DuNTWS59IbkvSKtGFbCbEFdv3Zg0FaITUEvlK49yLzB

ÍOSA AG AN DORAS:
40 Scéal Croíbhriste agus Rabhadh Deiridh na bhFlaitheas do Eaglaisí an Lae Inniu
https://www.amazon.com/dp/B0FDX31L9F
https://shop.ingramspark.com/b/084?params=TpdA5j8WPvw83glJ12N1B3nf8LQte2a1lIEy32bHcGg

SAOL AN CHONARTHA: 40 Lá de Shiúl i mBeannacht Deotranaimí 28

- https://www.amazon.com/dp/B0FFJCLDB5

Scéalta ó Dhaoine Fíor, Umhlaíocht Fíor, agus Fíor
https://shop.ingramspark.com/b/
084?params=bH3pzfz1zdCOLpbs7tZYJNYgGcYfU32VMz3J3a4e2Qt

Claochlú i níos mó ná 20 teanga

AG EALAÍ Í & AG EALAÍ É:
40 Lá chun Cneasaithe, Tuiscint, agus Grá Buan

HTTPS://WWW.AMAZON.com/KNOWING-HER-HIM-Healing-Understanding-ebook/dp/B0FGC4V3D9[15]

https://shop.ingramspark.com/b/084?params=vC6KCLoI7Nnum24BVmBtSme9i6k59p3oynaZOY4B9Rd

COMHLÍON, NÍ IOMPAIGH:
Turas 40 Lá i dtreo Cuspóir, Aontachta, agus Comhoibrithe

---

15. https://www.amazon.com/KNOWING-HER-HIM-Healing-Understanding-ebook/dp/B0FGC4V3D9

HTTPS://SHOP.INGRAMSPARK.com/b/084?params=5E4v1tHgeTqOOuEtfTYUzZDzLyXLee30cqYo0Ov9941[16]
   https://www.amazon.com/COMPLETE-NOT-COMPETE-Journey-Collaboration-ebook/dp/B0FGGL1XSQ/

CÓD SLÁINTE DIAGACH - 40 Eochair Laethúla chun Cneasú a Ghníomhachtú Trí Bhriathar agus Cruthú Dé Díghlasáil Cumhacht Cneasaithe Plandaí, Urnaí, agus Gníomh Fáidhiúil

---

16. https://shop.ingramspark.com/b/084?params=5E4v1tHgeTqOOuEtfTYUzZDzLyXLee30cqYo0Ov9941

https://shop.ingramspark.com/b/084?params=xkZMrYcEHnrJDhe1wuHHYixZDViiArCeJ6PbNMTbTux

https://www.amazon.com/dp/B0FHJT42TK

IS FÉIDIR LEABHAIR eile a fháil ar leathanach an údair
https://www.amazon.com/stores/Ambassador-Monday-O.-Ogbe/author/B07MSBPFNX

AGUISÍN (1-6): ACFÓINNÍ CHUN SAOIRSE & SAORADH NÍOS DOIMHNE A CHOINNEÁIL

AGUISÍN 1: Paidir chun Draíocht Fholaithe, Cleachtais Occult, nó Altóirí Aisteacha san Eaglais a Aithint

"Amhic an duine, an bhfeiceann tú cad atá á dhéanamh acu sa dorchadas...?" — Eazeciéil 8:12

"Ná bíodh comhpháirtíocht agat le hoibreacha neamhthorthúla an dorchadais, ach nochtaigh iad." — Eifeasaigh 5:11

Paidir le haghaidh Tuiscint & Nochtadh:

A Thiarna Íosa, oscail mo shúile le go bhfeicfidh tú a bhfeiceann tú. Lig do gach tine aisteach, gach altóir rúnda, gach oibríocht occult atá i bhfolach taobh thiar de chuileoga, suíocháin, nó cleachtais a bheith nochta. Bain na caitíní. Nochtaigh íoladhradh faoi cheilt mar adhradh, ionramháil faoi cheilt mar fháistine, agus claonadh faoi cheilt mar ghrásta. Glan mo thionól áitiúil. Más cuid de chomhaltacht chomhréiteach mé, treoraigh mé chun sábháilteachta. Tóg altóirí íon. Lámha glana. Croíthe naofa. In ainm Íosa. Áiméan.

AGUISÍN 2: Prótacal um Thréigean agus Glanadh na Meán

"*Ní chuirfidh mé aon drochrud os comhair mo shúl...*" — Salm 101:3
Céimeanna chun Do Shaol Meán a Ghlanadh:

1. **Déan iniúchadh ar** gach rud: scannáin, ceol, cluichí, leabhair, ardáin.
2. **Fiafraigh:** An dtugann sé seo glóir do Dhia? An osclaíonn sé doirse chuig an dorchadas (m.sh., uafás, dúil, draíocht, foréigean nó téamaí nua-aoiseacha)?
3. **Tréig** :

"Tréigim gach tairseach deamhanach a osclaítear trí na meáin neamhdhiaga. Dícheangailim m'anam ó gach nasc anama le daoine cáiliúla, cruthaitheoirí, carachtair, agus scéal-línte a bhfuil cumhacht tugtha dóibh ag an namhaid."

1. **Scrios & Scrios** : Bain ábhar go fisiciúil agus go digiteach.
2. **Cuir** roghanna eile diaga ina n-áit — adhradh, teagasc, fianaise, scannáin fholláine.

AGUISÍN 3: Saormhaisiúnacht, Kabbalah, Kundalini, Draíocht, Script Tréigthe Occult

"Ná bíodh baint ar bith agat le gníomhartha gan toradh an dorchadais..."
— Eifeasaigh 5:11

Abair os ard:

In ainm Íosa Críost, diúltaím do gach mionn, deasghnáth, siombail, agus tionscnamh in aon chumann rúnda nó ord occult — go feasach nó gan fhios dom. Diúltaím do gach ceangal le:

- **Saormhaisiúnacht** – Gach céim, siombail, mionn fola, mallachtaí agus íoladhradh.
- **Cablá** – misteachas Giúdach, léachtaí Zohar, agruithe crann na beatha, nó draíocht aingeal.
- **Kundalini** – Oscailtí an tríú súl, múscailt yoga, tine nathrach, agus ailíniú chakra.
- **Draíocht & Aois Nua** – Réalteolaíocht, tarot, criostail, deasghnátha gealaí, taisteal anama, reiki, draíocht bhán nó dhubh.
- Na Roisicrúsaigh, na hIlluminati, an Cloigeann agus na Cnámha, Mionnaí Íosánacha, Orduithe Druídeacha, Sátanachas, Spioradáltacht, Santeria, Voodoo, Wicca, Thelema, Gnóiseachas, Rúndiamhra na hÉigipte, deasghnátha Bablónacha.

Cuirim ar neamhní gach conradh a rinneadh ar mo shon. Gearraim gach ceangal i mo shliocht fola, i mo bhrionglóidí, nó trí naisc anama. Géillim mo bheith ar fad don Tiarna Íosa Críost - spiorad, anam agus corp. Dún gach geata deamhanach go buan le fuil an Uain. Glan m'ainm ó gach clár dorcha. Áiméan.

AGUISÍN 4: Treoir Ghníomhachtaithe Ola Ungtha

"*An bhfuil aon duine agaibh atá cráite? Guímis. An bhfuil aon duine tinn agaibh? Glaoimis ar na seanóirí... agus ungaimis é le hola in ainm an Tiarna.*" — Séamas 5:13–14

Conas Ola Ungtha a Úsáid le haghaidh Saoirse & Ceannas:

- **Éadan** : Ag athnuachan na hintinne.
- **Cluasa** : Guth Dé a aithint.
- **Bolg** : Glanadh shuíochán na mothúchán agus an spioraid.
- **Cosa** : Ag siúl isteach i gcinniúint dhiaga.
- **Doirse/Fuinneoga** : Geataí spioradálta a dhúnadh agus tithe a ghlanadh.

Dearbhú le linn an ungadh:

"Naomhaím an spás agus an soitheach seo le hola an Spioraid Naoimh. Níl rochtain dhlíthiúil ag aon deamhan anseo. Lig do ghlóir an Tiarna cónaí san áit seo."

AGUISÍN 5: Tréigean an Tríú Súile & Radharc Osnádúrtha ó Fhoinsí Occult

Abair os ard:

"In ainm Íosa Críost, diúltaím do gach oscailt de mo thríú súil — bíodh sé trí thráma, yoga, taisteal astral, sícideileach, nó ionramháil spioradálta. Iarraim ort, a Thiarna, gach tairseach neamhdhleathach a dhúnadh agus iad a shéalú le fuil Íosa. Scaoilim gach fís, léargas, nó cumas osnádúrtha nach dtáinig ón Spiorad Naomh. Lig do gach faireoir deamhanach, teilgeoir astral, nó eintiteas atá ag déanamh monatóireachta orm a bheith dall agus ceangailte in ainm Íosa. Roghnaím íonacht thar chumhacht, dlúthchaidreamh thar léargas. Áiméan."

AGUISÍN 6: Acmhainní Físe le Fianaise le haghaidh fáis spioradálta

1) tosú ó 1.5 nóiméad - https://www.youtube.com/watch?v=CbFRdraValc

2) https://youtu.be/b6WBHacwN0k?si=ZUPHzhDVnn1PPIEG[1]
3) https://youtu.be/XvcqdbEIO1M?si=GBlXg-cO-7f09cR[2]
4) https://youtu.be/jSm4r5oEKjE?si=1Z0CPgA33S0Mfvyt
5) https://youtu.be/B2VYQ2-5CQ8?si=9MPNQuA2f2rNtNMH
6) https://youtu.be/MxY2gJzYO-U?si=tr6EMQ6kcKyjkYRs
7) https://youtu.be/ZW0dJAsfJD8?si=Dz0b44I53W_Fz73A
8) https://youtu.be/q6_xMzsj_WA?si=ZTotYKo6Xax9nCWK
9) https://youtu.be/c2ioRBNriG8?si=JDwXwxhe3jZlej1U
10) https://youtu.be/8PqGMMtbAyo?si=UqK_S_hiyJ7rEGz1
11) https://youtu.be/rJXu4RkqvHQ?si=yaRAA_6KIxjm0eOX
12) https://youtu.be/nS_Insp7i_Y?si=ASKLVs6iYdZToLKH
13) https://youtu.be/-EU83j_eXac?si=-jG4StQOw7S0aNaL
14) https://youtu.be/_r4Jyzs2EDk?si=tldAtKOB_3-J_j_C
15) https://youtu.be/KiiUPLaV7xQ?si=I4x7aVmbgbrtXF_S
16) https://youtu.be/68m037cPEu0?si=XpuyyEzGfK1qWYRt
17) https://youtu.be/z4zlp9_aRQg?si=DR3lDYTt632E96a6
18) https://youtube.com/shorts/H_90n-QZU5Q?si=uLPScVXm81DqU6ds

---

1. https://youtu.be/b6WBHacwN0k?si=ZUPHzhDVnn1PPIEG
2. https://youtu.be/XvcqdbEIO1M?si=GBlXg-c-O-7f09cR

RABHADH DEIREANACH: Ní Féidir Leat Imirt Leis Seo

Ní siamsaíocht í an tsaoirse. Is cogadh í.

Níl i dtréigean gan aithrí ach torann. Ní hionann fiosracht agus glaoch. Tá rudaí ann nach dtéann tú chugat féin astu go neamhshuimiúil.

Mar sin, déan an costas a mheas. Siúil in íonacht. Cosain do gheataí.

Mar ní thugann deamhain meas ar thorann - ach ar údarás amháin.

www.ingramcontent.com/pod-product-compliance
Lightning Source LLC
Chambersburg PA
CBHW050327010526
44119CB00050B/712